「感情の整理」が上手い人下手な人

和田秀樹
精神科医

WIDE SHINSHO

まえがき

精神医学の世界で重要視されるものの一つに、「感情」というものがあります。

たとえば、精神分析の世界では、かつては夢の内容や、過去の思い出などが重視されていたのですが、今は、その場その場の患者さんの感情の流れに注目するようなカウンセリングが主流になりつつあります。

また認知療法という、うつ病によく効くカウンセリングがアメリカでは人気を集めているのですが、ここでも「感情」が〝ものの見方〟を左右することが問題になっています。

※

つまり、落ち込んでいるときは〝ものの見方〟が悲観的になるし、逆に、浮かれているときは楽観的過ぎるものの見方をして、ときとして、大失敗をしてしまうことがあるというのです。

さらに「ＥＱ」というこれまでの知能指数（ＩＱ）に対抗する〝心の知能指数〟の考え方が、アメリカの教育やビジネスの世界で話題になっているのですが、これにしても感情のコントロール能力が、世の中での成功の大きな要素となっているという考え方からきています。

※

さらに言うと、性格が悪いとか、人間関係がうまくいかないというのは、感情にふり回されたものの見方や行動をするからであって、自分の「感情の整理」が上手くできれば、性格の問題のかなり多くの部分が解決できると考えられているのです。

ところが一方で、感情というのは、人が考える以上に自分でコントロールするのがむずかしいものです。たとえば怒りの感情が出てきて、「怒るな、怒るな」と自分に言い聞かせてもなかなか収まるものではありません。逆にそのせいで怒りがエスカレートすることさえあるのです。

そこで、精神医学の世界では、「感情」のコントロールのために、ものの見方を変えたり、あるいは行動を変えていくようなからめ手のやり方が勧められています。

※

これにはいろいろなヒントがあるのですが、よくよくそれらを勉強してみると、人間が昔から生きる知恵としてやってきたことが多いことがわかります。逆に言えば、ふだんの経験則にかなっているから信じられるものなのかもしれません。

そこで今回、わたしは、感情がいかに人間関係に影響を与えているか、またどのように考え方や行動を変えれば、感情が上手に整理できて、生き方や性格を変えられるかについて、(理論は多少使うにしても) 自分の長い人生経験から納得できる方法を選んで紹介することにしました。

※

これによって、この本は「心理学の本」というより、「生き方の本」のようになってしまったかもしれませんが、それだけ実行もしやすく、とっつきやすいものになったと信じています。

もちろん経験則のように見えて、じつは心理学の理論上も理にかなっているものを選んでいるので（要するに小賢しい理屈を減らしているだけですが）、試しにやってみる価値のあるものだということは請け合いたいと思います。

そういうわけで、わたしなりに実用的と思える「感情の整理術」や「感情とのつき合い方」を書いたのですが、これはあくまで行動や生き方のヒントなので、実際に使ってもらわないと、あなた自身に見合った感情のコントロールはできません。

使えそうなものは一つでも実行に移してもらえば著者として幸甚この上ありません。

和田秀樹

「感情の整理」の上手い人 下手な人◉もくじ

第1章 あなたの感情生活を支配する「法則」がわかる

第2章 不機嫌な人は「自滅の法則」に支配されている

第3章 「嫉妬」はもう卒業しましょう

第4章 「心」の掃除は簡単にできます

第5章　周りに好かれる人の魅力は「機嫌のよさ」にある

第6章 すべての人間関係に「好き」を持ち込もう

序章

成功する人は こんな「感情の整理」を しています

「不機嫌」はなぜ人生の敗因となるのか

わたしたちが好きな人は、いつ会っても機嫌のいい人です。

「忙しいんだろうな」「最近、不調みたいだな」とこちらが心配しても、本人は何事もなかったように快活な笑顔を向けてくれる。そういう人が周りに好かれるものです。

逆にわたしたちが嫌いな人は、理由もなく不機嫌な人、少しのことですぐに不機嫌になってしまう人です。

どことなくイライラしている。周囲や自分への不満ばかり並べ立てる。気むずかしそうに黙り込む。こちらの言葉に皮肉を返す……。

こういう人と一緒にいると、相手が目上ならその場に居たたまれなくなりますし、ただの知人や仕事上のつき合いだけなら用件がすみ次第、「では失礼」ということになります。不機嫌な人間と無理につき合う理由はないからです。

職場のつき合いでも隣近所のつき合いでも、あるいはサークルや友人同士のつき合いでも、すべて同じです。機嫌よく向き合ってくれる人は好かれるし、不機嫌な人は嫌われます。でも、それだけのことでしょうか。

たんに好かれる、嫌われるというだけなら、中には「嫌われてけっこう」と思う人もいるでしょう。実際、集団や組織のリーダーの中にはそういうタイプの人間がいるものです。自分の悪感情（怒り、不満、不機嫌など）を露骨に表わすことで、周りを従わせようとするタイプです。

もちろんそれができるのは「権力」があるからですが、平凡なサラリーマンや主婦、あるいは学生であっても不機嫌を隠そうとしないときがあります。強い不満や嫉妬の感情に包まれているとき、自信をなくしたとき、ほとんどの人は不機嫌な気持ちを隠し切れなくなってしまいます。悪感情にふり回されるときが誰にでもあるのです。

そう考えると、「不機嫌」というのはじつに始末に負えない感情だということになります。相手や周囲の人間に嫌われるとわかっていても、自分で抑えることができないからです。

「喜怒哀楽」がはっきりしている人はわかりやすい

感情の豊かな人は、不機嫌になりにくいものです。

腹が立つときには大いに怒り、悲しいときには人目もはばからず涙を流す。楽しいときには腹の底から大きな声をあげて笑い、喜びは全身で表わす。こういう人は、そのときそのときでわだかまりを残しませんから、心にため込むものも少ないのです。

不機嫌な人は違います。

腹の立つことがあっても、その場では何も言いません。楽しいことがあっても、周囲の雰囲気を見て自分を抑えたりします。その場で素直に感情を表わさないから、心の中にドロドロしたものがため込まれていくのです。

同期入社の中では昇進の遅れている男性がいました。やっと課長昇進の内示をもらったのですが、内心ではすごく嬉しかったのに「いまさら」というポーズを取って無表情にデスクに戻りました。

当然、周りの人は気がつきません。「おめでとう」もなければ「お祝いしなくちゃ」のかけ声もありません。

彼はそのことが不満で、不機嫌なまま自宅に戻ります。帰宅した夫の不機嫌そうな顔を見て、妻が「どうしたの」と尋ねます。彼は自分が不機嫌な理由を説明できるはずもなく、押し黙ったまま晩ご飯を食べます。昇進のことを言うきっかけを失いかけていま す。妻はそんな夫の相手をするのも腹立たしいとばかりにテレビを観ています。

こういうケースで、この男性の心の中にあるのは不機嫌な感情だけです。嬉しいはずの昇進が、なぜこんな不機嫌を生んだのか。喜びを素直に表わさなかったからです。サッと言ってしまわなかったからです。まったくバカバカしいケースですが、こういう例は不機嫌な人間にしばしば起こり得るのです。

「喜怒哀楽」の感情に素直に従うのはとても大切なことです。怒りも喜びも、それが沸き起こったときがいちばんわかりやすい感情で、その場でごまかしてしまうと「不機嫌」というわかりにくい感情に変わってしまうからです。

どんなに偉くても「不機嫌な人」は幼稚に見える

最初に不機嫌な人は嫌われると書きました。

でも、ことはそれほど単純ではないのです。なぜ不機嫌な人が嫌われるのか考えていくと、ただの悪感情ではすまされない理由が浮かび上がってくるからです。

不機嫌な人には、いまの男性のケースにも見られるように、わかりにくさがあります。

「何を考えているのかわからない」

「なぜ不機嫌なのかわからない」

こういったわかりにくさは、周りの人から見ればただの「わがまま」にしか映りません。たとえ夫であっても、上司であっても、子どもが駄々をこねているのと同じに見えてしまいます。すると、どんなに立派な肩書きがあろうと実績があろうと、生身のその人間が幼稚に思えてきます。スケールの小さな人物に思えてくるのです。

そういう人物に対して親しみを感じないのは当然のことですが、ときには能力や技能にさえ疑問を持たれてしまいます。

たとえば何かわからないことがあって、誰かに教えてもらおうと考えます。パソコン操作がわからない、経済用語がわからないといったとき、身近な人間に質問するのがいちばん手っ取り早いでしょう。ところが、「こんなこともわからないのか」とか「少しぐらい自分で考えてみろ」といった態度を取る人がいます。さも面倒くさそうに応じる人がいます。こちらの飲み込みの悪さに腹を立てる人さえいます。

そういう人たちに対して、わたしたちは決して感謝や尊敬の気持ちを抱くことはありません。「二度と訊いてやるもんか」と思い、「自分だって大したことないくせに」と反発するものです。

つまり、不機嫌な相手を嫌いになるだけでなく、その人の能力も否定したくなってきます。これは根拠のない感情的な反発に過ぎませんが、人間関係とはつまるところ、もつれ合うにしろスッキリするにしろ〝感情関係〟だと考えれば、不機嫌な人は周りから「無能」の烙印《らくいん》を押されかねないのです。

もう一つ、大事なことがあります。不機嫌な人は不幸な人生、運のない人生を送っているように思われることです。これはみなさんも実感として納得できるでしょう。

いつも気むずかしい顔をして、他人の批判や悪口ばかり言い、かといって自分にも自信を持てないのが不機嫌な人たちです。そういう人たちの人生が幸福だとは誰も思いませんし、ツキに恵まれた人生だとも思わないでしょう。もっとつけ加えれば、異性にモテるとも思われない人たちなのです。

これは対人関係を考えたときに大きなハンディキャップになります。なぜなら、仕事であれ遊びであれ、不機嫌な人と組んでもいいことは一つもないと判断されるからです。

機嫌のいい人は違います。その人の実力が未知数であっても、「一緒に組んでみたい」「応援してあげたい」「周囲の協力が得られそうだ」「新しい友人ができそうだ」「楽しそう」といった期待感を持たれます。それによって、日常生活のさまざまな場面で、小さなチャンスが無数に広がっていくのです。

人生に「感情の整理」が必要なわけ

地位も実力も備わった人間が、不機嫌になる例はしばしばあります。

自分を脅かす人間が台頭してきたときや、メンツや体面にこだわるとき、あるいはそれまでのやり方が通用しなくなってきたときなどです。

けれども、そこで不機嫌になるというのでは、地位も実力もそこまでの人間だと考えられないでしょうか。気持ちに余裕を失い、不安やうらみや自信のなさが生まれているのです。もはや余力の残っていない状態ではないでしょうか。

これはあらゆるケースに当てはまります。一国の指導者も、企業のトップも、あるいは中間管理職も同じです。学者や研究者でもそうです。町内の実力者、グループの中心人物、一家の主といえども例外ではありません。

たとえばそれまでは朗らかで人望の厚かったサラリーマンが、昇進したとたんに焦りやいらだちを見せるようになることがあります。部下を疑いの目で見たり、高圧的な態度を取ったりします。

そうなれば部下の気持ちはこの上司からどんどん離れていくでしょう。

「△△さんには期待していたけれど、どうやら課長の器じゃなかったみたいだな」

部下がそのように判断すれば、現実にこの課長はそこで頭打ちになってしまいます。

つまり、自分の感情をコントロールできない人間は信頼を失うだけでなく、せっかく勝ち取った地位や評価やビジネスチャンス、あるいは共感や人気まで失ってしまうのです。

もちろん、機嫌のいい人が、必ず成功するとは言えません。いくら人当たりがよくても、現実感覚や知的レベルが低ければただの好人物で終わってしまいます。

笑顔の陰にこび、へつらいが見えれば、好人物とすら思われないでしょう。

ですから、ここまでに説明した「感情の整理」の大切さというのは、知性の裏づけを前提にしているのは言うまでもありません。

ただ一つだけ言えることは、「感情の整理」の上手な人は情緒的に安定していますから、仕事に取り組むときも何かを学ぶときも集中力が発揮でき、しかも冷静に取り組むことができます。悲観的になったり取り乱したりすることが少ないのです。

そこでこの本では、人生に輝きを取り戻すための「感情の整理」について、わかりやすい例を挙げながらさまざまな角度から考えてみることにしました。

不機嫌、嫉妬、うらみ、不満、怒り、こび、へつらいといった「悪感情」が、わたしたちの人生をどれだけつまらないものにしているか、そのことに気がつけば、誰でも意識して自分の感情を整理し、コントロールしようという気になるはずです。

それができたとき、いままでの心の曇天《どんてん》がすっと晴れ渡り、あなたの人生に清々しい青空が広がるものとわたしは確信しています。

第1章

あなたの感情生活を支配する「法則」がわかる

対人関係がうまくいかないのは「こんな顔」「こんな表情」

人間関係がうまくいかない人は、往々にして「顔に出やすい人」でもあります。すぐに不機嫌になり、ムッとした表情を浮かべる人、あるいは落ち込んでしまう人、こういう人たちが対人関係につまずきやすいのです。

「顔に出やすい人」は、自分の感情がたったいま顔に出ていることに気がつきません。けれども相手にはわかりますから、いやな感じを与えます。「つき合って楽しい人間じゃないみたいだな」と思われるでしょう。

「顔に出やすい人」本人も同じです。自分の不機嫌や悪感情に気づかず、ただいやな気分だけを味わい続けます。これでは人と会っても楽しくありません。

こうして周囲に気の重い人間関係が増えていくと、しだいに自分の殻に閉じこもるようになります。自分は人づき合いが苦手なんだと思い込んでしまうのです。

でも「顔に出やすい人」が自分の感情を理解できるようになれば、いやな気分の原因もわかってきます。

「この人に気圧《けお》されて自信をなくしているんだな」

「自慢ばかりされて嫉妬しているんだな」

そういったチェックができれば、少なくとも人間関係の苦手意識や、理由のない不機嫌からは解放されるはずです。

読者のみなさんの中には、「自分の感情ぐらいいつでもわかっている」と反論する人もいるでしょう。でも、誰かと会おうとすると気が重くなったり、友人や知人と会うたびにイライラしたりすることがありませんか？

そういう人は、じつは自分の感情がわかっていない場合が多いのです。これは日ごろから感情を押し殺したり、表に出さないようにしたりしてきた日本人にとってそれほど珍しいことではありません。

「顔に出やすい人」も同じで、ちょっと考えると感情を隠さない人に思われがちですが、じつは自分の感情を理解していないから顔に出てしまうのです。つまり無意識にやっていることが多いのです。

そこで、まず自分の感情を瞬間的に立ち止まって見つめるレッスンを始めましょう。これは少しもむずかしいことではありません。毎日の生活の中のさまざまな場面で、いま自分がどんな感情状態にいるかを自問するだけでいいのです。

あるいは、一日の終わりに、その日の自分の感情の流れを思い出してもいいです。あのときはこうだった、あそこではこんな気持ちになっていたということを、一コマ一コマ思い出してみてください。

そういった習慣をつけること（そう、これが大切）で、自分のいらだちや不機嫌の原因もわかってきます。悪感情の原因がわかってくれれば、余分なストレスをため込まないですむはずなのです。自分はこういう表情をするから、人が敬遠するのだと思えるようになります。

「虫が好かない人」が多い人は、自分に問題がある？

悪感情というのは、あとで思い返すと恥ずかしくなります。他人につい嫉妬したり、うらんだり、あるいはすねたり、ふてくされたりすることは誰でもありますが、「なんであんな気持ちになったんだろう」と考えると、自分がちょっと情けなく思えてきます。

「感情の整理」の上手な人は、そういった自分の悪感情を素直に認める人でもあります。人間だから誰でも嫉妬ぐらいはするし、ついうらんでしまうこともあるでしょう。

でもその嫉妬やうらみをあっさりと認めることができれば、「気をつけなくちゃ」という気持ちになります。「もっと自信を持たなくちゃ」とか、「わたしはわたしなんだから」と思い直すことができます。

感情コントロールの下手な人は、自分の悪感情をなかなか認めることができません。すべて他人のせいにしますから、「あの人が悪い」「あの人さえいなければ」と考えてしまうのです。

これはほんのちょっとした違いのようですが、感情生活の明暗を分ける大事なポイントになってきます。自分の悪感情を素直に認めることができれば、あとは自分自身の問題になります。他人のせいにすれば、いつまでたっても他人の問題になります。自分の悪感情を自分で処理できなくなるのです。

たとえば「虫が好かない人」がいます。顔を見るのもいやだ。話しているとかならず不愉快になる。向こうもこっちを嫌っている……。

そういう相手とはつき合わないのがいちばんですが、そうもいかないから「虫が好かない」のでしょう。仕事上のつき合いや近所のつき合いでどうしても顔を合わせる機会が多くて、そのたびに気が重くなる相手です。

けれども、「虫が好かない人」といるときの自分の感情を見つめてみると、これはこれでなかなか興味深いのです。相手の言葉に過剰に反応する、何か言われると裏の意味を考える、嫌いなくせに視線の片隅で相手をとらえているといったような自分のぎこちなさに気がつけば、「バカみたい」と思うはずです。

すると、「虫が好かない」のは相手のせいだけでなく、自分自身の気持ちの狭さにも原因があるのだと気がつきます。それがわかっただけでも、大進歩です。自分自身の悪感情に目を留めたことになるからです。

現実には、不機嫌な人間ほど周りに「虫が好かない人」が大勢います。本人は、「どうしてこう、わたしの周りにはいやな人ばかりいるんだろう」

そう考えて自分の人間関係の不運を嘆いているかもしれませんが、こういう人は「虫が好かない人」を自分から増やしているだけなのです。少しでもいやな思いを味わえば、「こいつは虫が好かない」と決めつけてしまい、自分の悪感情には目を向けないのですから、周りにどんどん「虫が好かない人」が増殖していくのです。

自分の性格を認めない人は、「悪感情」を乗り越えられない

わたしはどちらかと言えば気が短い人間ですから、のんびりした人間にいらだちを感じることがあります。かつては、渋滞に巻き込まれても悠然としているタクシーに乗り合わせると、運転を代わってやりたくなったものです。

最近はだいぶ収まってきましたが、それでもどこかに気の短さは残っているみたいで、相手のスローモーな反応や遠回しの言い方が気になります。でも、それを気にするのはわたしだけで、周りの人は何とも思っていないことが多いのです。

こういう例はたいていの人に見られるものです。きれい好きな人の目には、だらしない人が気になります。神経質な人には無神経な人が気になるし、約束時間を守る人は遅刻する人が気になるものです。

つまり、ある神経が突出していると、その神経を逆撫《さかな》でする人間が周囲にどんどん増

えてきます。別に周囲の人が逆らっているわけではないし、わざと神経に障るようにふるまっているわけではないのです。たとえば机の上が乱雑な人がいても、通常は周りの人は無視しているでしょう。

ところが、きれい好きな人はそうは思いません。

「わたしの周りには、どうしてこんなにだらしない人間ばかりいるんだろう」

そう考えて我慢ができなくなるのです。これも、悪感情の一つになるはずです。

そういう場合でも、自分が人よりちょっときれい好きなことや神経質な傾向があることを認めてしまえば、感情的にならずにすみます。

少なくとも、怒りや不機嫌な気持ちにとらわれることはなくなります。「わたしがきれい好きだから、よけいにそう感じるんだな」と自分の悪感情をコントロールすることができるからです。

悪感情から抜け出せない人は、自分の性格に少しぐらいのかたよりがあっても認めません。自分はあくまで正常で、ごくふつうの性格で、むしろ周囲の人間のほうが性格的なかたよりがあると思っています。

自分が正しいと思い込んでしまえば、すべての非は相手にあります。これも自分の悪感情から抜け出せない人のパターンです。他人のせいにし続ける限り、少しのことですぐに不機嫌になってしまいます。

でも、きれい好きも神経質も悪いことではないのです。病的なケースはともかくとして、細かく分析していけばどんな人でも平均より強い傾向が表われる性格分野はかならずあるものです。

それを素直に認めてしまえば、自分はある種の人間や反応に対してカリカリしやすい性格なんだとわかってきます。

わたしのように気の短い人間は、たとえば自動販売機の反応が少しでも遅いとボタンを押し直しますが、気の長い人はゴトンと缶コーヒーが出て、チャリンチャリンと釣り銭が出てくるまで悠然と構えています。

それと同じようなものです。どんな人にも、ふつうより過敏になってしまう分野が一つや二つはあるものなのです。

感情生活を貫く「作用・反作用」の法則がある！

つまり、こちらに反発する気持ちがあればそのぶん、押し返してくるものが生まれます。気の短いわたしが（あまり短気を強調すると誤解されかねませんが）イライラすれば、他人の態度や反応がどれも我慢できなくなってきます。

そういった「ぶつかり合い」の気持ちを持つと、感情生活はどんどん悪化していきます。相手に対していらだちや不満の感情を持てば、相手にも同じような感情が生まれて当然だからです。他人への悪感情は自分にはね返ってきます。

たとえばあなたに尊敬する上司や知人がいたとします。

あなたはその人に対して敬意を持っていますから、精一杯の礼儀を尽くしてきました。その人もあなたのことを大切にしてくれ、何かと心に留めてきました。

こういう関係は、おたがいに引き立て合う関係ですから悪感情は生まれません。

ところが、その人があなたをないがしろにすればどうなるでしょうか。

あなたの尊敬は一気に侮蔑《ぶべつ》に変わるはずです。

「地位を鼻にかけて、威張り散らすなんて最低の人間だ」

「少しぐらい能力があるからといって、他人をバカにするような人間とはつき合いたくない」

そういった反発が猛然と沸き起こってくるのではないでしょうか。それまでの敬意や尊敬の気持ちが強ければ強いほど、反発の気持ちも強烈なものになるはずです。

すると、いままでの敬意は何だったのかということになります。

相手をほんとうに尊敬していたのか？　もしかして、あなたはその人に大切にされ、ひいきにされてきたから敬っていたのかもしれません。最初から相手にされなければ、あなたは敬意を持つことすらなかったことでしょう。

すべての人間関係には、こういった「作用と反作用」の法則のようなものが働いています。好感には好感が返ってくるし、悪感情には悪感情が返ってきます。うわべをどんなに取り繕《つくろ》っても、人間関係はおたがいの感情がつくりだす〝感情関係〟と言っていいものなのです。

そしてそれぐらいのことは、これまでの人生経験からほとんどの人が理解しているはずです。自分が悪感情を持った相手には悪感情を持たれることぐらい、たいていの人には経験ずみのことなのです。

にもかかわらず、同じようなパターンを繰り返す人がいるのはなぜでしょうか？

自分の周りにいやな人間関係、気の重い人間関係を抱え込んでしまうのはなぜなのでしょうか？

結局、自分自身の悪感情を管理できないからということになります。怒りや不満などのふと生まれた悪感情を、いつまでも抱え込んでしまうことがいちばんの原因ではないでしょうか。

敵をつくらない感情生活、敵をつくる感情生活

悪感情（つまり、怒りであり不満であり、嫉妬であり、コンプレックス〈劣等感〉であり、うらみであり、ねたみであり、そうした感情一切のこと）を抱え込むと、ふだんなら気にならないことまで気になってきます。快活な気持ちのときには、たとえばあなたの「オハヨウ」という挨拶に相手が返事をしなかったとしても、気にも留めません。「元気ないみたいだな」とか、「二日酔いかな」ぐらいの軽い気持ちで見すごしてしまいます。

ところが嫉妬やうらみや怒り、自信喪失といった悪感情にとらわれているときは、挨拶に返事を返さない相手の態度が徹底的に気になります。

「わたしを避けようとしている」

「誰かにわたしの悪口を吹き込まれたんじゃないか」

そんな不安や疑いがすぐに浮かんできたり、
「ああ、この人もわたしを内心で軽蔑するようになったんだな」
とまで決めつけてしまったりすることさえあるのです。

こうなってしまうと、もはや悪感情の泥沼です。周囲へのうらみや不安がふくらむ一方になりますから、誰かに声をかけられてもつい冷淡な態度になったり、何かを訊かれても答えなかったり、相手の好意にも素直に応じなかったりするようになってしまいます。これは、自分から進んで周囲に敵をつくる態度です。かたくなで、意固地《いこじ》な人間そのものになります。

感情コントロールの上手な人は逆になります。自分の中に生まれた悪い感情を早い段階で処理することができますから、誰かに声をかけられれば気軽に返事をし、何かを訊かれれば気さくに答え、他人の好意は素直に受け止めることができます。

こういう人は、かりに一部の人間から悪感情を持たれたとしても、その場その場で自分を立ち直らせることができます。すると大部分の人間にとっては好感の持てる人であり続けるのです。わたしたちに共通する感情として、他人の噂や評判がどうであっても、自分に対して朗らかで好意的な人間にはこちらも好感を持ちます。

「Aさんは B さんのことを悪く言うけれど、わたしは B さんの味方をしたいな」

そう考えて、むしろ B さんの理解者でありたいと考えるのです。

そして当然の心理として、B さんの悪口を言う A さんには距離を置こうと考えます。

ここでは非常に単純な例を出しましたが、B さんは敵をつくらない感情生活を、Aさんは敵をつくる感情生活を送っていることがおわかりいただけるでしょうか。

他人の悪口や中傷も、ほとんどが悪感情によるものです。サラリーマンが上司の悪口を言い合いながら酒を飲むのはストレス発散になりますが、個人が個人の悪口を他人にもらす場合、その人への嫉妬やうらみ、あるいはコンプレックスといった悪感情が根底に流れています。

あるいは悪口をもらす相手へのこび、へつらいへの裏返しの感情によるものなのです。

いずれにしても、その悪感情をコントロールできないから他人にもらしてしまうのでしょう。そういう人が、結果として周囲に敵をつくっているということを忘れないようにしたいものです。

「ああはなりたくないね」と思われる人は、すぐ悪感情を口にする

いまの話の続きをしますと、自分をダメにする悪感情をコントロールする第一歩は、自分の悪感情を口に出さないということになります。

わたしは「喜怒哀楽」大いにけっこうと思っています。怒りも悲しみも、あるいは喜びや楽しさも、その場でどんどん発散させることが悪感情をため込まないコツになってきます。

けれども、「感情の整理」の上手な人はいても完璧な人はいません。誰でも一瞬の嫉妬、うらみ、すね、ふてくされのような感情に襲われることはあるものです。

そんなとき、まず言葉を出さないことを心がけてください。口に出しても始まらないんだと自分に言い聞かせてください。「口から出れば世間」ということわざがあるように、人間関係の中で自分の気持ちを口に出すというのは決定的な意味を持ちます。

でもそれが単純な喜怒哀楽なら、本心ですから口に出しても後悔することはありません。怒りを爆発させて「言い過ぎたかな」と悔やんだり、嬉しさのあまり有頂天になって「調子に乗り過ぎたかな」と恥ずかしくなったりすることはありますが、それならそれで一言謝ればすむことです。これも、自分の感情を素直に言葉にするという意味では大切なことです。

わたしのいう悪感情は違います。〈嫉妬心〉からつい、相手に厭味《いやみ》や皮肉を言えばどうなるでしょうか。こういうケースは日常生活でしばしば起こり得るのです。

たとえば日ごろから親しくしている同僚が、仕事の上でヒットを連発しました。周囲の評価は急上昇です。

しかしあなたにしてみれば、ちょっと不満があります。ふだんの仕事ぶりからすれば、自分のほうが手際もいいし、この同僚に手を貸すことだってあるのです。

「他人の段取りに乗って成果が出ただけじゃないか」

そんなやっかみの気持ちも芽生えています。

でももし、この気持ちをそのまま言葉にしたらどうなるでしょう。自信に満ちた同僚の様子を横目に、あなたが別の人間に自分の気持ちを口に出して伝えれば、どうなると思いますか。

やっかみの気持ちがその人にたちまち伝わってしまいます。あなたは「嫉妬しているんだな」と見抜かれて当然です。そして、「みっともないな」と思われてしまいます。たとえ、その人があなたと同じ気持ちでいたとしても同じです。〈嫉妬心〉をあらわにした人間を軽蔑するし、「気をつけなくちゃ」と自分の悪感情をコントロールすることでしょう。

わたしたちは実際に、他人の悪感情を見せつけられると冷静になることがあります。嫉妬やうらみ、こび、へつらいの感情はとくにそうで、それを言葉や態度に露骨に表わされると「みにくいな」と感じてしまいます。自分も同じような気持ちでいたとしても、「こうはなりたくないな」と感じるのです。

つまり、悪感情を口に出したら負けです。あとで、「我慢してよかったな」と思うときがかならずやってきます。うっかり口に出せば、いつまでも不機嫌な気持ちが残り続けることになるのです。

ほどほどの自己愛が「いい自分」をつくる

ここまで読んできて、「我慢ばかり強いられるんだな」と感じる人がいるかもしれません。感情をコントロールするのは、よほど我慢強い人でなければ無理だと思うかもしれません。

でも、あなたの周りの機嫌のいい人を思い出してください。いつ会っても朗らかで、快活で、あなたが好感を持っている人の顔を思い浮かべてください。

少しも緊張した様子や神経質な様子は見えませんね。ゆったりとしているし、伸び伸びとしていますね。とくに我慢強いという印象はありませんね。

なぜだと思いますか?

わたしの書く順番が逆になったかもしれませんが、機嫌のいい人は「自己愛」が満たされているのです。誰にでもある本能的な欲望と言っていい「自分を愛する気持ち」が満たされているから機嫌がいいのです。

自己愛というのは、簡単に言えば自分を好きになる気持ちです。「わたしもまんざらではない」と納得する気持ちです。

そういう気持ちが生まれるのは、人間関係がうまくいっているからでしょう。身近な人間に愛され、あるいは信頼され、仲間や友人にも恵まれ、初対面の人にも好感を持たれる。こういう人間関係を築ける人なら、自己愛は十分に満たされます。

でもそのためにも、感情コントロールは大切になってきます。悪感情に支配され、不機嫌な顔をしている人間は周りの人とうまくやっていけません。身近な人間からも嫌われるようになれば、自己愛が満たされることはなくなり、逆に傷ついてしまいます。

ところで注意して欲しいのは、過剰な自己愛がすべてをぶち壊すということです。「わたしは正しい」「わたしには能力がある」といった思い込みが、しばしば周囲への不満や他人へのうらみとなって表われるからです。

自己愛じたいは、本来、誰にでもあるものです。自分を愛さない人はいないし、誰だって自分が可愛いものです。現在、アメリカでいちばん人気のある精神分析理論を編み出したコフートも、「自己愛のどこが悪いか」という基本理念から出発しています。

ただし、自己愛が対人関係のさまたげになってくるようでは問題です。自分可愛さのあまり、わがままを通したり他人の気持ちを踏みにじったり、あるいは少しぐらい無視されただけで相手をうらんだりするようでは、人づき合いの中にどんどん悪感情を持ち込んでしまうからです。

自分の利益のために人を出し抜くのも同じことです。そうなっては元も子もありませんね。いくらたっぷりの自己愛を持っていても、周囲の人が誰も認めてくれないのですから、その人はひたすら不機嫌な感情生活を送るだけになってしまうでしょう。

「いつも貧乏くじを引いてしまう人」はこんな人

不機嫌な人というのは、感情生活に精彩を欠く人です。

表情の変化が乏しい、その場その場の雰囲気になじめない、過ぎてしまったことにとらわれているといったメリハリのない感情生活を送っている人たちです。

そしてこういう人が、なぜか「貧乏くじ」を引いてしまいます。

「貧乏くじ」とは損な役回りのことです。誰もが敬遠するような、労多くして益の少ない役回りです。

でもよくよく考えてみれば、「その人が引くから貧乏くじになる」という一面もあるのです。

たとえば町内会やＰＴＡのような集まりでは、みんなで話し合ってさまざまな役員を決めていきます。本心を言えば、雑用が多くて時間を取られるような役は誰もやりたくありません。

会長や世話人のような名誉職ならまだいいのですが、たとえば町内の環境整備部長（早い話が草取り、ゴミ集め）とか、防犯部長（これまたパトロールや街灯の点検）といった裏方の仕事はみんな逃げ回ります。

そこでくじ引きで決めたとしましょう。

もし、いつも不機嫌な人がこのくじを引き当ててしまったら、その人はいっそう不機嫌な顔になるはずです。「なんでわたしがこんな役をやらなくちゃいけないんだ」と不満顔になるはずです。

これが絵に描いたような貧乏くじです。

ではいつも朗らかで快活な人が引き当てたらどうなりますか。

「ウワア、今日は朝からいやな予感がしてたけど！」

彼（あるいは彼女）はそういって大げさに悲しむかもしれませんが、集会の雰囲気はいたって陽気なものになるでしょう。そして、出席者の中には、

「○○さんがゴミ集めしてくれるのならみんなで協力しよう」

といった積極的な気持ちが生まれるはずです。

つまり、少しも貧乏くじを引いたようには見えないのです。

別のケースも考えられます。

役割分担を決めるときに、機嫌のいい人はどんな役でも推されれば気持ちよく引き受けます。

機嫌の悪い人ははっきりとした意思表示もせずに、あれこれ言い訳ばかり繰り返します。

すると、最後に残った誰もやりたがらない役を引き受けざるを得なくなってしまうのです。その人はいよいよ不機嫌になるでしょうが、周りの人はみんなスッキリした顔です。これも、いつも貧乏くじを引く人の典型的なパターンになります。

結局、感情生活に精彩を欠くからこうなるのです。不機嫌な人は損するという好例ではないでしょうか。

第2章

不機嫌な人は「自滅の法則」に支配されている

妻の買い物につき合う夫は、なぜ不機嫌か

これまで見たように不満、うらみ、嫉妬、コンプレックスなどの悪感情は始末に負えないドロドロした感情ですが、仕組みはそれほど複雑ではありません。

たとえば説明のむずかしそうな「不機嫌」にしても、人はなぜ不機嫌になるかと考えれば答は簡単に出てきます。

「理由もなく不機嫌な気分になった」とか「なぜ不機嫌なのか自分でもわからなかった」という言い方にしばしば出合いますが、そういう言い方をする人は、自分の感情分析がまだ足りないのかもしれません。

不機嫌はまず、自分の感情に正直でないことから始まります。

サラリーマンが休日に家族サービスする場合で考えてみましょう。

ご主人の本音を言えば、たまの家族サービスは仕方ないとしても、「都心のデパート

だけはご免だな」という気持ちがあります。多くの男性にとって、女性の買い物につき合うのは苦痛以外の何ものでもありません。

まして都心に通勤しているサラリーマンなら、「休日になぜ、いつもと同じ電車に乗って出かけなくちゃいけないんだ」と思ってしまいます。

ところが妻や子どもたちは違います。ショッピングは最良のストレス解消になるでしょうし、子どもたちも目当てのものが買ってもらえるかもしれません。

そこで結局、「久しぶりにデパートに行きたい」という妻の主張を子どもたちが支持して、外出先が決まってしまいます。この時点で、ご主人は大いに不満なのですが、「今週ぐらいは我慢するか」と言い聞かせます。

出かけてみれば案の定、混雑と妻の買い物時間の長さにウンザリし、子どもたちのわがままにもウンザリし、しだいに不機嫌になっていきます。荷物を持たされ、食べたくもないランチを食べさせられ、おまけに財布は妻が握っているから自分の欲しいものは買えません。ここでご主人ははっきりと不機嫌になるのですが、

「おれはもう、家族サービスなんてやらない！　買い物したかったらおまえたちだけで

すればいい」

とは口にしません。

外出中はずっと、妻や子どもたちの意見に従ってばかりいるのです。

なぜかといえば、このご主人の心の底に「よき夫、よき父親」の役割を演じなければという気持ちがあるからです。そうすることで、家族から愛され、信頼される父親でありたいと考えているからです。

しかし、デパートにいる間もずっと不機嫌だった父親に対して、家族は誰も声をかけてくれません。妻と子どもたちだけで盛り上がっています。この時点で、父親の不機嫌は決定的になってしまいます。

ずいぶん気の弱い父親だと思うかもしれませんが、現代の父親はかつてのように家庭の中にしっかりした居場所を確保できなくなっています。不満を隠しながら、いわば家族にこびることで、父親としての存在感を維持しているケースが多いのです。

休日のデパートや行楽地で、ご機嫌な家族の中に一人だけ不機嫌な父親が混じっているのはそのせいです。不機嫌の「正体」、わかってしまえば簡単なことです。

「嫌われたくない」気持ちが不機嫌をつくる

いまのケースで、不機嫌な父親にならないためにはどうすればよかったのでしょうか。

いちばんいいのは、気の進まない家族サービスならはっきりと断わることでしょう。

「デパートならきみたちだけで行っておいで。お父さんは家でやりたいことがあるから」

こう宣言してしまえば、妻や子どもたちだって了解したはずなのです。でもそれが言い出せなかったのはなぜでしょうか。わがままで、自分勝手な父親と思われたくなかったからです。これは、自信のなさが原因です。家族に信頼されたい、好かれたいと思いながらも、自分が家族にどう思われているか自信がないからです。

不機嫌な人には、意外に必要以上に相手の心理をおもんぱかる傾向があります。そのときの自分の感情には目をつぶって、相手にどう思われるかを考えてしまいます。

自分の感情を偽り続けるのですから、不機嫌になるのも当然のことです。

自分の感情に素直に従えば、そうそう不機嫌な気持ちにはなりません。いまのケースでしたら、「その代わりカレーでも作っておくから」と提案すれば妻も納得するでしょう。ご主人はのんびりビールでも飲みながら、たまの料理を楽しめばいいのです。

こういった例は日常生活の中に頻繁に登場します。不機嫌な人は、それぞれの場面で自分の感情とは裏腹の態度や言葉を選んでしまうのです。

その場の雰囲気や、世間体を気にしてつい「いい人」を演じてしまい、その結果、不機嫌になってふさぎ込みます。しかも自分の不機嫌をぶつける相手がいませんから、いつまでも悪感情にとらわれ続けます。そういう悪感情は当然、周囲に伝わります。

身近な人間にはとくに伝わりやすいのですが、残念なことになぜ不機嫌なのかが理解されません。「いやだったら最初にそう言えばいいのに」と詰問されても、おそらくまた自分の感情にウソをついて「誰もいやとは言ってない」と返事するでしょう。らちがあかないのですから、「放っておこう」ということになります。

不機嫌な人は、「いい人」を演じることで、逆に「扱いにくい人」になってしまうのです。

「他人が察してくれる」という甘えが不機嫌の原因

不機嫌な人に共通する心理に、「なぜわかってくれないのか」というのがあります。

たとえば、毎晩帰宅するなり「疲れた」を連発する夫に対して、妻がしだいに不機嫌になったとします。

「わたしだって子どもの世話でクタクタなのに、自分だけが働いているような顔をして」

彼女はそんな不満を持っていますが、その場合でも、何も言わずに夕食の準備をします。何も言わない限り、彼女の不機嫌はいつまでも続きます。

しかし夫の「疲れた」はただの口ぐせに過ぎないかもしれません。「あー、疲れた、疲れた」と言いながらも、妻の出す料理をパクパク食べ、ビールを美味しそうに飲んでいるのです。別に「自分だけが働いている顔」をしているわけではないのです。

ところが不機嫌になっている妻は、そうは考えません。

「疲れているのはあなただけじゃないわ。朝から晩まで動き回っているわたしの苦労もわかって欲しい」

自分の気持ちを察して欲しいのに、少しも気がつかない夫に不満を持ち続けることになります。でもどうして、その不満を口にできないのでしょうか。

それは、彼女が「夫のほうで察してくれるべきだ」と考えているからです。

こういう考え方が、不機嫌な人にはしばしば生まれます。

「察して欲しい」「察してくれるべきだ」と考え、そんな様子も見えない相手に対して、「なぜわかってくれないのか」と不機嫌になるのです。いわば出口のない、感情の袋小路に入り込んでしまうのです。

しかし、自分の感情を素直に表わさない人間を「理解しろ」というほうが無理です。

帰宅するなり「疲れた」を連発する夫に対して、

「疲れているのはおたがいさまなのよ。もうその口ぐせはやめにして！」

妻がはっきりそう言えば、夫は少しぐらいムッとするかもしれませんが妻の気持ちをたちどころに理解します。

「そうか。つい口ぐせになっていたけれど、彼女の言う通りだな」

内心でそう反省し、翌日からは帰宅するなり「ご苦労さん！」という挨拶に変わるかもしれません。たったそれだけのことでも、妻の不機嫌は吹き飛ぶでしょう。

ところで、不機嫌な人はなぜ他人が察してくれるべきだと思うのでしょうか。自分から素直に感情を表現せず、他人のほうで「わかってくれるべきだ」と思うのでしょうか。

一つには、ふだんから自分の感情より他人の思惑を気にしているからです。相手がどう思うかをいつも気にしている。それなのに、相手は自分のことを少しも気にしてくれない。それが理解できないし、我慢できなくて、不機嫌になっていくのでしょう。

つまり不機嫌な人にとって、周りは鈍感な人間だらけなのです。わがままで自分勝手な人間ばかりだと思っています。

けれども周囲の人から見れば、不機嫌な人のほうこそを理解できません。「言いたいことがあるなら、はっきり言えばいいじゃないか」と思っています。わがままで自分勝手なのは、むしろ不機嫌な人のほうだと思ってしまうのです。

外面のいい人は、なぜか不機嫌になりやすい

ここまで書いてきたことで、不機嫌は出口のない〝曇天感情〟だということがおわかりいただけたと思います。とにかく自分から動かない限り、不機嫌はいつまでも続くし、人間関係もどんどん悪化していきます。

不機嫌な人は自分でも息苦しいでしょうが、相手や周囲にも息苦しさをまき散らしているのです。この悪循環を突き破るには、感情生活を沸き立たせるのがいちばんです。喜怒哀楽をはっきりとさせて、いやなものはいやと言い切る率直さを育てることです。もちろん、楽しいときには大いに笑い、悲しいときにはあたりはばからず悲しんでいいのです。「もういい大人なんだから」と喜怒哀楽にブレーキをかけると、感情生活はかえって悪化していきます。

機嫌のいい人は、決して怒らない人でしょうか？

悲しいことがあっても笑顔を浮かべている人でしょうか？

広い世の中にはそういう悟りを開いたような人物がいるかもしれませんが、ほとんどの場合、機嫌のいい人はよく怒り、よく悲しみ、よく笑う人です。その場その場の感情表現が豊かで、後腐れがなくて、気性のさっぱりした人たちです。

むしろ曖昧な笑みを浮かべている人や、如才なくふるまう人たちが、別の場面では機嫌の悪い人になってしまいます。たとえば「外面《そとづら》のいい人」です。

外面のいい人は外部の人間に対して物わかりよくふるまい、身内や身近な人間に対しては不機嫌を通します。

つまり「外面のいい人」は、外部の人間の前で怒りの感情を抑え込むぶんだけ、不機嫌をため込んでしまうのです。その怒りを直接、無関係な家族にぶつけるわけにはいきませんから、不機嫌なままなのです。怒りは喜怒哀楽の中でもいちばんエネルギーの大きな感情です。その出口をふさいでしまえば、感情生活はどんどん悪化することでしょう。素直に喜ぶこともできなくなるし、悲しみに浸ることもできません。不機嫌な感情は、怒りの感情を処理できないときにとくに強く生まれてくるのです。

文句・ケンカは感情を沸き立たせるトレーニング

　そこでわたしが勧めたいものの一つにケンカがあります。わたしの言うケンカとは自分の感情を素直にぶつけるケンカです。

　ケンカというと即、人間関係の決裂と考えられがちです。

　でもそれは、言いたいことも言えない関係の決裂に過ぎません。相手が上司であろうが、グループや組織の実力者であろうが、納得できないことや我慢のできないことがあったらどんどん口に出す。それに対して相手が反論すればまともな議論になります。議論が白熱すればケンカ状態ですが、カッカしているときは感情の沸き立っているときでもあるのです。

　そしておたがいが言いたいことをぶつけ合うのであれば、相手がおかしな人間でない限り、意外に双方、悪感情が残らないものです。何も言わずに不満を胸に収めてしまうとケンカにはならないでしょうが、その代わり、言いたいことも言えない関係がいつまでも続きます。思っていることを口にできない関係は、自分の感情を殺して成り立つ関係です。

そんな人間関係を、もし家族や友人といった身近な世界に持ち込んでしまったら、不機嫌な生活から縁を切ることは不可能になるでしょう。

したがって文句は大いに言うべしです。たとえ「我慢すればすむこと」であっても、一度我慢してしまえば二度目からは了解事項になってしまうからです。

たとえばほんとうは甘党の人が、塩辛い料理を出されて「美味しい」と答えます。すると、「この人は甘いものより塩辛いものが好きなんだな」と理解されます。それ以来、ほかの人にケーキが出されても、「あなたは苦手そうだからこっちがいいかな」と思われて塩味のクラッカーを出されます。本人はうらめしい気持ちで一杯になるはずです。

不機嫌な人の周りには、これと似た例がたくさんあります。

いやなものはいやと言わなかったばかりに、気の進まないグループに誘い込まれる。

せっかく楽しみにしていた計画が、つまらないつき合いでつぶれてしまう。

――そういった経験のある人は、ここでもう一度、日ごろの感情生活を思い起こしてください。今回は我慢しようと自分に言い聞かせるケースが多くはないですか？

「たしかにそういう傾向があるな」と感じた人は、いまからでも遅くないですから大いに文句を言ってください。口に合わない料理には、「口に合わない」と言っていいし、遅刻した人に「遅い」と言っていいし、相容れない考えには「違う」と言っていいのです。

ふだんから自分の感情を殺している人は、その場で相手に文句を言うなんてドキドキすることでしょう。「言えば怒るかな」と不安になり、「目くじら立てなくても」と弱気になるかもしれません。

でも、文句もケンカも感情を沸き立たせるトレーニングだと割り切りましょう。ドキドキするなんて久しぶりのこと、ケンカになってカッカし合うなんてこれまた久しぶりのことです。満足を装って不満をため込む生活には、この高揚感が決定的に欠けているのです。ケンカはコミュニケーションの一つと考えればいいのです。ただし、カッとなって相手の自己愛を傷つけるようなこと、つまり欠点をあげつらうようなことだけは避けたほうが無難です。言いたいことを言うのと相手を傷つけることは別物なのですから。

身を引く大人より、我を通す子どもになろう

文句やケンカは、歯切れのよさを心がけましょう。

つねにストレートであれ、ということです。曖昧に終わらせない、ということです。

実際、不機嫌な人は少しの口論でもいつまでも根に持ちます。もともと気の合わない相手とは最初から感情的になるし、別れたあとでもいっそう悪感情に包まれてしまいます。

そうなってしまう原因は、不機嫌な人が持っている曖昧さにあるのでしょう。その場その場ではっきりした決着をつけずに、相手の言葉に沈黙したり、「もういい」と打ち切ったりするからです。

たとえば部下の反論に口を閉ざす上司がいます。真っ向から議論を戦わせずに、「考えておこう」とか「きみの言いたいことはわかった」と話を打ち切らせてしまいます。

そのくせ内心は、「生意気だ」と怒り狂っています。反論してきた部下をいつまでも根に持つのです。部下もたまったものではありませんが、こういう上司こそ不機嫌から抜け出すことができません。あるいは家族や友人といった身近な人間の場合、ケンカしても始まらないと考えてしまいます。不満や反論があっても身を引いてしまうのです。すると、先に言いたいことを言った人間の勝ちになります。小さな場面でこれを繰り返していると、いつも身を引く側の人間に悪感情がたまるのは当然のことです。

不機嫌な人の文句やケンカには共通するパターンがあって、いつもその場では尻すぼみに終わっているのです。自分から文句を言い出しても相手の反論に合うと引っ込めてしまう。ケンカになりかかっても曖昧に終わらせてしまう。せっかく動き始めた感情にふたをしてしまうから、怒りをくすぶらせてしまうことになります。

ですからわたしが勧める文句やケンカは、「とことん最後まで」です。

文句なら口ごもらず、最後まで言う。

そこからケンカになるなら、決着がつくまでとことん議論し合う。

身を引く大人より好き放題な子どもをめざすべきです。

さっさと謝る人は、なぜか老化しない

意外に気づかない人が多いのですが、四十代を過ぎるころから他人に謝る気持ちが弱まってきます。四十代といえばそろそろ部下もいます。あるいは仕事の上で教わることより教えることのほうが多くなります。

家庭ではどうでしょうか。子どもは大きくなって理屈を言い出します。生意気な年ごろですから油断すると親をバカにしかねません。

女性の場合も同じで、四十代の主婦は家事も育児もベテランです。少なくとも、自分なりのやり方を身につけています。こうなってくると、自分より若い人や子どもに対して謝らなくなってきます。「なめられたくない」という気持ちや、もっと頑固な「自分が正しい」という思い込みがあるからです。

こんどは老人で考えてみましょう。

自分に非があっても断固として謝らない老人が、もしそのまま企業の中枢に居座れば立派な老害です。学者や医者、政治家の場合もやはり老害。こういう老人は概して気分屋で、自分を持ち上げる人間には愛想よく、批判的な人間には極端に無愛想です。無愛想ですむぐらいならまだしも、罵倒したり蹴落としたり追放したりします。

これを脳科学の理論で説明すると、前頭葉《ぜんとうよう》の機能低下（老化）ということになります。肉体の老化は誰も避けることができないし、脳も間違いなく肉体の一部ですから、放っておけばどんどん老化します。前頭葉が老化すれば、人間はものの考え方に柔軟性がなくなって意固地になったり、あるいは怒りや悲しみといった一つの感情にいつまでもとらわれたりするようになります。これも感情の老化です。

けれどもすべての老人に感情の老化が起こるわけではありません。八十歳、九十歳を過ぎても新しい考え方に耳を傾け、朗らかで洒脱な老人は大勢います。

そういった老人に共通する習慣は何だと思いますか。自分に非があればあっさり認めて、どんな歳下の人間、キャリアの浅い人間が相手であっても屈託なく頭を下げることです。謝るときには素直に謝って、もったいぶらないことです。

ところで前頭葉の機能低下は五十代、早い人では四十代から始まります。

他人に頭を下げるのがいやだとか、自分より歳下の人間や子どもの前では非を認めないというのも、この前頭葉の機能低下と関係があります。感情の老化が始まっている証拠と言えないこともないのです。

逆に、自分のミスを部下に指摘されれば素直に詫《わ》び、子どもや妻に何かをとがめられたときにも笑って謝るような男性なら、まだ若々しい感情の持ち主です。主婦でも同じで、家事のうっかりミスを子どもや夫に冷やかされても笑顔が返ってくるぐらいなら、感情の若々しい女性ということになります。

ですから、自分の感情生活をチェックするときには、この「素直に謝っているか」というところは大事なポイントになってきます。内心で非を認めながらも、あれこれ理屈をつけたり、逆に相手の非を並べたりして反撃するような人は、かなり不機嫌な感情生活を送っていることになります。

感情の切り替えがうまい人は、ゆったり生きられる

親が小さな子どもをからかうときの言葉に、「泣いたカラス」というのがありますね。

「いま泣いたカラスが、もう笑った」

ついさっきまで泣いていた子どもが、ほんのちょっとしたきっかけ、たとえば大好きなソフトクリームを手にしただけで嬉しそうに笑顔を見せる。すると親は、さっきまでの泣き顔をからかってこの言葉ではやし立てたものでした。

それから、「箸が転んでも」というのもありますね。

何がおかしいのか、子どもは些細なハプニングにもゲラゲラと大きな声で笑います。それこそ食卓の箸が転がっただけで笑いが止まらなくなるものです。

ああいった、いわば無垢《むく》な感情を大人が持ち続けるのはむずかしいことですが、わたしは不可能ではないと考えています。たとえばどんなことでも気楽に言い合える友人が

集まると、四十代だろうが五十代だろうが、他愛もないやり取りに腹を抱えて笑い合えます。

その意味で、豊かな感情生活を送るためには心を許し合った仲間の存在が欠かせないことになりますが、それは別の章で考えてみるとして、自分自身の「感情の整理」に大切なのは「切り替え能力」だと言えるはずです。

いやなことや腹の立つこと、悲しいことがあっても、場面が変わったら気持ちをスッと切り替える。それができる人なら、仲間と一緒にいるときにはいつでも機嫌のいい人であり続けることができるでしょう。

非を素直に認めて謝るというのも、結局は切り替え能力です。自分のやり方や主張にこだわらずに、相手が正しいと思ったときにはその意見に従う。これができる人でなければ、じつは文句もケンカも逆効果になりかねないのです。

わたしは文句・ケンカを大いに勧めたばかりですが、書きながら一つだけ引っかかっていたのは、悪感情から始まる文句やケンカでは意味がないなということでした。相手への嫉妬やうらみが根底にある場合、文句もケンカもただの感情の泥仕合になってしまいます。勝てば勝ち誇り、おごりたかぶり、負ければ嫉妬やうらみを倍増させるだけの結果になってしまいます。

わたし自身にも経験のあることなのですが、いくら自制してもつい感情的になるのがケンカです。カッとなって筆や口が過ぎると、相手の人格攻撃までやりかねません。前にも述べたように、「口から出れば世間」です。憎悪や嫉妬といった悪感情をむき出しにする人間は、その時点で勝負あったと判定されてしまうのです。

謝ることの大切さをこうして書いているのも、よりよい人間関係には感情の切り替えが大切だと感じているからです。非を素直に認める。これは不機嫌な人間にはむずかしいことですが、ふだんの小さなやり取りのなかで習慣づけていけば決してできないことではありません。

とりあえず、身近な人間の小さな「おとがめ」には素直に謝る。やってみればわかることですが、日常生活には「謝ってすむ問題」が無数にあるものです。それどころか、「謝れば気持ちの軽くなること」がたくさんあります。自分だけでなく相手も気持ちが軽くなることも多く、よいことずくめなんだと気がついてください。

一週間に三つ、楽しいことを探そう

よく言われることですが、夢を持つことは人間の感情を若々しく保ってくれます。

しかし現実問題として、大きな夢は持ちにくいし、小さな夢は忘れやすいものです。

不機嫌な人にはとくにそういう傾向があって、楽しいことを考えるより先にいやなことばかりが頭に浮かんできます。あるいは、先が見えてしまったり億劫な気持ちになったりします。でも、小さな夢を忘れやすいというのは、ただ漠然と考えるだけで少しもプラン化しないからでしょう。ふと何か思いついても、次の瞬間には現実に戻されてしまい、あれやこれやといやなことが心に入り込むからではないでしょうか。

ですから、悪感情に支配されないためには、つねに楽しいプランで心を満たすというのが非常に有効になってきます。

実際、わたしたちは何か楽しい予定を控えているときには機嫌がよくなります。いつもなら腹を立てるようなことでも気にならなかったり、苦手な人間とも気軽に話せたり、つまらない仕事や退屈な仕事でも鼻歌交じりに片づけたりするものです。悪感情が入り込む余地がないのです。

たとえばわたしの場合、自分自身への「ご褒美《ほうび》」というのをよくやります。仕事の区切りや目標を達成したときに「ご褒美」を用意して、それを励みにがんばるのです。「ご褒美」はいろいろで、ブランドもののスーツであったり高級レストランのコース料理であったり、あるいはロマネコンティ一本であったりします。

つまり可能な限りの贅沢を夢見るのですが、これはスポーツが苦手、ギャンブルもダメ、音楽も美術も興味なしという無粋な人間だからであって、たいていの人はもっと幅広い分野から気持ちの浮き立つようなプランを見つけることができるはずです。

それにサラリーマンや主婦の場合、はっきりした仕事の区切りがありませんから、楽しいプランをどこに持ってきてもかまいません。平日の夜でもいいし、休日でもいいでしょう。そういう時間帯に、たとえば気に入った小物のショッピング、以前から行ってみたかったレストランやバー、久しく顔を合わせていない友人との食事、映画や演劇、競馬や競輪といったギャンブル、サッカーやプロ野球の観戦、あるいはデート（既婚者にはちょっとむずかしいことかもしれませんが、恋愛は間違いなく気持ちを浮き立たせます）、釣りやハイキングやカメラといった好きなことをして過ごすひとときをどんどん持ち込むことです。

これはプランですから、頭の中で空想するだけでは意味がありません。実際に時間と場所を決めてスケジュールに入れてしまう。チケットを買ったり予約をしたり、人と会う場合にはコンタクトをとって待ち合わせの日時を決める。

こうして楽しみの種をいくつかばらまくと、谷間の日々も気持ちが弾んでくるものです。一週間に三つの楽しい予定を入れると、残りの四日間も楽しくなるのです。

不機嫌な人の毎日に欠けているのは、こういった楽しみの種ではないでしょうか。何の楽しみもないから不機嫌になるのではなく、自分から上機嫌の種を蒔《ま》こうとしないから不機嫌になるのでしょう。とりあえず、いま自分がやりたいことを思い浮かべて、その実行日をカレンダーに大きく書き込んでみてください。

「これができれば、わたしも捨てたもんじゃない」と考えよう

ここまで、不機嫌の仕組みとそこから抜け出すヒントについて考えてみました。

もう一つ、いますぐできる簡単な「不機嫌脱出法」を書きます。

それは、小さなきっかけから自分を愛する気持ちを取り戻すことです。

一切の悪感情は自己愛が満たされれば消えてしまいます。周りの人に認められ、共感され、かつ自分に自信を持ってしまえば嫉妬もうらみもウソのように消えてしまいます。

これは容易に想像のつくことでしょう。

でもそれがむずかしいから不機嫌になるのですね。

では機嫌のいい人はどうでしょうか?

たしかに周りの人からは好かれていますが、それほど自信満々ではありません。能力抜群とは限らないし、強いリーダーシップを発揮しているわけでもありません。けっこ

う、おっちょこちょいだったり、不器用だったり、あるいは補佐役に徹していたりします。

でも機嫌がいいのはなぜだと思いますか?

わたしはほんのちょっとした思考習慣の違いだと思います。

機嫌のいい人は、小さなことでもそれをやり遂げたときに、自分を褒めることができます。あるいは、何か目標を立てたときにも、「これができればわたしも捨てたもんじゃないぞ」と考えて励ますことができるのです。

たとえば、一時間という限られた時間で一定量の仕事を片づけるときに、機嫌のいい人は最初に自分を励まします。そして終わったときには「できた、やったぞ」と考え、それが時間オーバーしたときでも、「これだけできたんだから、捨てたもんじゃない」と考えるのです。

これで一区切りがつきます。次の仕事や作業にも明るい気持ちで取りかかることができるのです。

機嫌の悪い人はどうでしょうか?

少しでも予定が狂うと、「ダメだなあ」と考えてしまいます。「次の仕事にも響くな」と考えます。これでは次の仕事を「さあ、やろう」という気持ちになれません。

つまり機嫌の悪い人は、自分を褒めることを忘れているのです。仕事であれ、家事であれ、毎日の作業は連続して終わりがありませんから、区切り区切りに自分を褒める人と自分をけなしたり卑下したりする人とでは、一日の気分が大いに違ってきます。

ですからまず、どういう結果が出た場合でもそこまでやり遂げた自分を褒める習慣をつけてください。気むずかしくなる必要はありません。「これでよし」とする気持ちを持ち続けるだけで、感情生活はいまよりは確実に上向いていくはずです。

第3章

「嫉妬」はもう卒業しましょう

向学心のある人には「嫉妬」がない

以前、新聞で八十四歳の大学生（男性）という記事を読んだことがあります。

かいつまんで紹介しますと、この男性は尋常小学校《じんじょう》を卒業後、中学に進みたかったが家庭の事情で断念。そのとき、中学に進んだ友人が心底うらやましくて、顔を見るのさえ辛かったといいます。

それからたっぷり六十年以上もたって、学びたいという気持ちがよみがえります。七十六歳で夜間中学に進み、定時制高校を経て公募制推薦入試で明星大学経済学部に入学したのです。

わたしがこの記事を読んで真っ先に感じたのは、勉強している人は相手を蹴落とすようなエンビー型の「嫉妬」をしないということでした。

この大学生（やはり老人ではなく大学生と呼ぶべきでしょう）は、記憶力の衰えを学習方法の工夫で乗り越えています。

講義はいちばん前の席で耳をそばだてて聞き、予習・復習を繰り返して記憶に定着させます。たしかに八十代ともなれば、十代、二十代のころより記憶力は格段に低下しますから、毎日の苦労も並大抵のことではないはずです。

けれども、そういう努力の積み重ねというのも悪感情を取り除いてくれます。勉強はとくにそうで、積み重ねることで自分の知識や理解が少しずつ深まっていることを実感できるからです。どんな分野の勉強であっても、一日勉強すれば一日分の知識や理解が身につくのです。これは、仕事や遊びでは得られない独特の充実感です。

「向学心のある人には嫉妬がない」というのは、この充実感のおかげです。もはや模擬試験の結果に一喜一憂する受験生ではないのですから、わたしたちにとっての勉強は自分自身の知的レベルを高めることだけが目的になります。

すると、たとえば経済学を学ぶにしろ語学を学ぶにしろ、自分より優秀な人間がいることは少しも苦になりません。わからないことはその人間に教わったり、学習サークルに入ったりして刺激し合えばいいのです。

ところで「うらみ」や「嫉妬」は劣等感の裏返しの感情ですが、強がりの気持ちもどこかに潜んでいます。圧倒的な負けを認めるのではなく、「あいつは運がいい」とか「あいつは経済的に恵まれているから」とか、あるいは「自分ももう少し口が達者なら」といったひがみの気持ちがあります。

つまり、自分と他人を比べるから「うらみ」や「嫉妬」が生まれるのです。

勉強は違います。まして中高年になって始める勉強は、いまさら上級者と比べる気持ちにはなりません。年齢、性別、キャリア、学歴一切無関係です。大事なのはコツコツと継続させ、知的階段を一歩一歩上っていくことですし、レベルが上がってくるたびに実感が湧いて嬉しくなります。他人と比べることなく、自分の到達度だけを励みにすることができるのです。

八十四歳の大学生は、孫（というより曾孫）のような世代の若者たちに囲まれて、充実した毎日を送っているそうです。それも当然です。この大学生の夢は、「何歳になっても学ぶことは可能だと、多くの人に伝えること」なのです。つまり、毎日が夢の実現となっています。

前向きでない人が「嫉妬」や「うらみ」に取りつかれる

いまの話をもう少し続けますと、「嫉妬」や「うらみ」の感情に取りつかれているときの人間は、じつは何もしていないことが多いのです。

「わたしだってやればできる」とか、「彼は恵まれている」「彼女は運がよい」といった羨望ばかりふくらませて、自分は結局、何もしていないのです。

たとえば「成績の悪い子ども」。

現代は一般的な風潮として、〝親の経済力イコール子どもの学力〟といういやな考え方が広まりつつあります。親に経済力があれば、早い時期から子どもを塾に行かせたり家庭教師をつけたりすることができるし、学習環境を整え、私立の小学校や中学校に入れて、受験競争を勝ち抜かせることができるといった考え方です。

実際、東大生の親の平均年収は私立大生の親をはるかに上回るといったデータもあるようです。学力はカネで買えると信じる親が現われても不思議はありません。

けれども、そのことで「嫉妬」や「うらみ」を持つ受験生がいたとしたら、どう考えてもきちんと勉強しているとは思えません。

「親があんなだから、ボクが成績悪いのも無理はない」

かりにそう考えて、親に経済力があって成績もよい同級生を嫉妬したりうらんだりする受験生がいたら、やはり笑止でしょう。この受験生はおそらく、ロクに勉強もしていないし、勉強法もわかっていない。自分で考える習慣や、我慢する能力や、あるいは成績が上がっていく喜びも知らない。要するに、ただのナマケモノなのです。

きちんとした学習習慣を身につけ、考える力や我慢する能力も備えた受験生なら、たとえ成績が伸び悩んでも他人をうらんだり嫉妬したりはしません。自分自身の問題としてて受け止め、勉強法を変えたり弱点の克服に時間を割いたり、あるいは成績のいい同級生に勉強法を尋ねたりするかもしれません。そのあたり、じつに素直に受け止めるはずです。

同じことは大人にも当てはまります。

他人を嫉妬したりうらんだりする人間は、たいていの場合、自分では何もしていないことが多いのです。嫉妬やうらみの悪感情を持つから何も手につかないのではなく、テーマや目標を見すえてその実現に努力する気持ち、言い換えれば自分自身の世界を見つめる気持ちがないから、他人を嫉妬したりうらんだりするのでしょう。

つまり「嫉妬」や「うらみ」、あるいは「こび」や「へつらい」「コンプレックス」といった悪感情と無縁に生きるためには、自分自身のテーマや目標を持つことが何より大事になってきます。

けれども、テーマや目標が見つからない人であっても、感情生活をよりよく保つことは可能です。機嫌よく暮らしている人がみな、自分の人生にしっかりしたテーマや目標を見定めているとは限らないのです。働き盛りの四十代はとくにそうです。

「テーマや目標もいいけれど、いまはとにかく毎日精一杯働くだけだ」

「子どもの教育費とローンの返済で手一杯だから、自分の夢なんか持ちようがない」

そういった本音をもらすサラリーマンや主婦も大勢いるはずですが、だからといってみなが不機嫌なわけではありません。ここにもやはり、機嫌のいい人と悪い人がいるはずで、両者を分けるものは何かということになるでしょう。

でもそういう場合でも、わたしは同じだと思います。テーマや目標というほど大それたものでなくても、毎日の暮らしの中にきちんとした時間割やノルマを持ち込み、それを一つ一つこなすことに喜びを感じる人なら、不機嫌な感情が入り込む余地はずっと小さくなります。非常に平凡な言い方になりますが、ひたむきに、前向きに生きることが感情生活をよりよく保ついちばんの方法ではないでしょうか。

嫉妬やうらみの感情を持つ人は、ふだんの生活でもどこか投げやりであったり、おろそかであったりします。目の前の仕事や役割を軽視し、ついよそ見をしてしまいます。周りを見渡せば、人がみな自分より恵まれて見えるのは当然のことです。そこに嫉妬やうらみの感情が入り込んでくるのでしょう。

この状態は、自分の勉強を怠って成績のいい人間をうらやむ受験生の心理と同じです。何もしない人間に限って、他人を嫉妬したりうらんだりするというのは、ほとんどの場合にも当てはまることなのです。

「偉そうな態度」をしていると疲れませんか？

かつては四十代ともなれば立派な大人でした。

しかし、自分が現実に四十歳になってみれば、「不惑《ふわく》」どころか大いに惑い続ける年齢だということがわかります。社会が変わった、寿命が延びたという時代の変化のせいだけではなく、そもそも四十代といったところで精神的にはまだまだ成長過程にあるのです。わたしの場合でも、「もう四十なんだから」と思うより、「たかが四十なんだから」と思うことのほうが多いし、そう考えたほうが万事につけて気楽です。

これは五十代、六十代の方でも同じでしょう。「不惑」の歳をとっくに過ぎても、新しい勉強や習い事に手を染める人のほうが、ムッツリとした悟り顔でいる人より豊かな感情生活を送っています。

そして、リラックスして生きようと考えた場合も、自分を偉く見せるより自然体でふるまったほうが気楽なのです。気楽というのは、悪感情をため込まない精神状態ですから、感情生活も朗らかになってきます。

もちろん誰にでも自己愛があります。偉く見せるつもりはなくても、自分を認めて欲しい、尊敬してもらいたいという気持ちがあって当然です。問題は、そういった自己承認の欲求をどのような態度で満たすかということでしょう。たとえば相手より地位も年齢も上の人間は、その事実をどうしても認めさせたい気持ちになります。

具体的に挙げていくと、たとえば相手の話を聞かない態度です。

知らない話題になると口をつぐんだり、不機嫌になったり、あるいは強引に話題を変えたりしてしまう。

知っていることをあえて質問するが、知らないことは質問しない。

自分の間違いを認めないし、相手に頭を下げない。

ほかにもいろいろあるでしょうが、ともかく自分の優位性にこだわるのです。

けれども、そういった偉そうな態度が逆の効果しか生まないことに、ほとんどの人が気づいていないようです。相手や周囲に反発され、ときには軽蔑されるだけだということがわかっていないのです。

なぜなら、自己愛や自己承認の欲求は誰にでもあるからです。年齢が上、地位が上というだけの理由で、こちらの意見を無視したり、軽んじたりする態度を取る人間に対して怒りを感じるのは当然のことです。偉そうにふるまえばふるまっただけ、周りに敵を増やすことになります。

それに何といっても偉そうにふるまうのは疲れます。弱味を見せないように、地位や年齢にふさわしい権威を保つようにふるまうなんて、どう考えても気苦労の多いことでしょう。失敗してメンツがつぶれたら目も当てられません。

ですから、年齢を重ねるほどに、偉そうな態度とはサヨナラする気持ちが大切になってきます。まして四十代なんて人生の折り返し地点に立ったばかり。先は長いのだし、新しい勉強を始めるにも遅くないのだし、偉そうな態度が似合う年代とは言えません。

背伸びしないで気楽にふるまい、知らないことは教えてもらい、お礼の言葉も素直に口にする。そのほうが結果として相手に尊敬されます。自己愛が満たされることになるのです。

ガードを固めないことが「いい気分の生活」になる

人づき合いの苦手な人間は、しばしば「仲間なんかいらない」と考えてしまいます。「人と会ったり、グループに入ったりするからいやな感情を持ってしまう。何をやるときでも一人きりのほうが自分のペースでやれる」

そう考えて、趣味でも勉強でも独学をめざそうとします。

他人とつき合えばどうしても比べてしまう。比べれば嫉妬したり、劣等感を持ったりする。だから一人でマイペースを守ったほうがいいとする考えですが、心理学の立場から見ると、これは相当に窮屈な考えということになります。

なぜなら、このやり方では自己愛が満たされることが難しいからです。

趣味でも勉強でも、いちばん楽しいのは仲間と刺激し合ったり教え合ったりしながら、自分のレベルアップを実感していくことです。

最初は「すごいな」と周りに感心ばかりしていたのに、いつのまにか対等に話ができるようになっている。あるいは自分の意見に相手がうなずいてくれる。そういう経験を通して、自信が生まれ、自己愛が満たされます。

しかも仲間と一緒なら、飲んだり食べたりおしゃべりしたり気楽な時間を持つことができます。これは気分転換に持ってこいです。

もちろん、それぐらいのことは人づき合いが苦手な人にもわかっていることです。でも、孤立を求めてしまう。このかたくなさはいったいどこから来るのでしょうか。

自己愛はどんな人にもある健全な欲求です。それが満たされたとき、人間は大きな満足に包まれますし、機嫌がよくなります。そのためには自分の理解者や、気持ちの通い合う人間がそばにいることが非常に大きな意味を持ってきます。

これは孤立を選ぶ人といえども例外ではありません。どんなに人づき合いが苦手でも、自分の理解者や自分を尊敬してくれる人間がいることで自己愛が満たされます。たとえ表立った仲間がいなくても、自分は「好かれている」という実感をどこかで求めているのです。

つまり、人づき合いを拒もうとする人にも、「声をかけて欲しい」という気持ちがあります。誘いの声をかけてもらえば、それだけで嬉しくなります。たとえ断わるにしても、自己愛のほうは満たされていて、内心は大いに嬉しいものなのです。

ところがそうはうまくいかないのが人間関係です。孤立を選ぼうとする人には、周囲もしだいに声をかけなくなります。

「あの人はああいう人だから」

「あの人はちょっと気むずかしいから」

と思われて、放っておかれるようになるのです。

すると、自分から選んだはずの孤立なのに、少しも心安らかになれません。

「声ぐらいかけてくれてもいいじゃないか」

と不機嫌になったり、

「どうせ行ってもつまらない」

と強がったりします。どちらにしても自己愛が満たされることはないのですから、悪感情はいつまでも続きます。

嫉妬やうらみの感情は人づき合いそのものから生まれるのではなく、自己愛を傷つけられることから生まれるのだと気づいてください。孤立を求めたところで解決される問題ではなく、むしろ、周りへのガードを固めることでいっそう嫉妬やうらみの感情が深まるのです。

そうなるぐらいなら、自分からどんどん人間関係を広げる努力をするべきでしょう。たとえそのことでいやな思いを味わったとしても、出会いの数を増やせば自分の理解者や気の合う人間と知り合う可能性が増えてきます。

数は少なくても、身近なところに自分の理解者がいることで自己愛は満たされます。「嫉妬」や「うらみ」の感情から自由になるためには、とにかく世界を広げることです。とくに、中高年の感情生活を豊かにするためには、ガードを固めすぎないというのが最低限の生き方になるはずです。

腰を軽くして行動すれば、感情生活が盛り上がる

わたしは、中高年の感情生活に大事なのは弾《はず》みではないかと思っています。「ものの弾み」というときの、あの「弾み」です。

たとえばふだんだったら尻込みするパーティーに、ふと出ようかなと考える。テレビでサッカーを観ていたらスタジアムのサポーターがいかにも楽しそうに思えてきた。銀座を歩いていたらブランドもののネクタイが目に入って急に欲しくなる。ほろ酔いでつい気が大きくなって、老舗の寿司屋のカウンターに座ってみたくなる。

そういったさまざまなケースで、いつもなら「やっぱりやめとこう」と思い直すところを「ものの弾み」に従ってしまうのも悪くないのです。

なぜなら中高年にとって、たいていのことは先が読めてしまいます。読めるから「やっぱりやめておこう」ということになるのでしょう。

「パーティーに出てもどうせ気疲れするだけだ」

「サッカー観戦なんて若者が盛り上がっているだけだ」

といった判断が働いて、一歩の踏み出しにブレーキをかけてしまいます。

するとどうなるでしょうか？　何事も起こりません。感情が昂ぶることもないし、後悔することもありません。まさに大人の選択なのでしょうが、感情生活を考えると半分死んでいるようなものではありませんか？

けれども、先の読めない展開に持ち込むことはできます。「ものの弾み」に従えばいいのです。ふらりとその気になってしまえば、自分でも予測のつかない感情の動きに直面するはずです。

たとえば老舗の寿司屋に入ったとします。値段が少々高くても、それに見合った味を堪能できれば、「こういう贅沢もたまにはいいな」と実感するはずです。通い馴れた居酒屋の気楽さもいいけれど、たまには落ち着いた寿司屋で過ごす優雅な時間も捨てがたいものだと思うでしょう。

いずれにしても、ものの弾みに従った瞬間から、事態は予測のつかない展開を見せ始めます。緊張したり、驚いたり、感動したり、歓喜に包まれたりします。先が読めるはずの中高年にとって、こういった経験はとても新鮮なものになるでしょう。

ここまでに繰り返し述べてきたことですが、悪感情は感情生活の澱《よど》みから生まれてきます。喜怒哀楽のはっきりしない、いわば内にこもった毎日を過ごす人は、感情がどんどん老化します。ものの見方が否定的、一面的になってしまい、嫉妬やうらみといった悪感情に取りつかれるといつまでもとらわれ続けるのです。

その悪循環を断ち切るのが「ものの弾み」だと思ってください。

ふと浮かんだ欲望や計画を、ときにはものの弾みで実行してみる。失敗したらそのときのことでしょう。

大いに悔しくなったり、腹を立てたりすることがあったとしても、そのときのことです。授業料を払ったと思えばいいのです。

過去の経験や情報はたかが知れていると思えば楽になる

それからこういうことも心に留めてほしいと思います。

中年近くになると、自分の行動指針が固まってきます。たとえば新しい街へは行かない、知らない店には入らない、若者が集まるような場所には近づかないといったようなことですが、すべて過去の経験や情報にもとづいた判断になっているはずです。

その経験や情報は、はたしていつごろ身についたものでしょうか。

もし十年も前のことでしたら、一度捨ててしまって新しいものに取り替えたほうがいいと思います。五年前でも同じだし、場合によってはつい二、三年前のことであっても、最新の情報に入れ替えたほうがいいでしょう。

社会の変化がこれだけ目まぐるしくなると、もはや過去の経験や情報など邪魔なだけになることが多いのです。もちろんベーシックな勉強に関しては五年や十年で古びることはありませんが、遊びや趣味や流行は違います。サイクルが短いだけでなく、社会の変化に合わせてどんどん進化していきます。

たとえば十年前に接待ゴルフをつき合わされ、散々な目に合ったとしましょう。

「コースの予約は取れないし、やっと取れても混雑して忙しい。クラブハウスの料理もまずくて高い。従業員は態度が悪いし、おまけに接待だから楽しめない」

いい思い出が一つもないのですから、二度とコースには出ないぞと思う人がいてもおかしくありません。接待が下火になって自分でコースに出ようと思っても、かつての経験が「やめとけ、やめとけ」とブレーキをかけてしまいます。したがって、友人に誘われても「ゴルフはもういいや」と断ります。

ところがいまのゴルフ場は景気が悪くなったこともあって、ひところの乱立から淘汰《とうた》の時期を過ぎて、安い料金でゆっくりプレイできるコースがあちこちにあります。接待族も減って、ひところより雰囲気が明るくて和やかになっているようです。わたし自身、ゴルフをやらないので周囲の人たちの話を聞くしかないのですが、以前とはずいぶんイメージが違っているといいます。

これはホテルやレストランも含めたサービス業全般に言えることで、値段は安くなり、内容は充実しているケースが多いのです。過去の経験や情報はまったく通用しなくなっています。

つまり、自分では大人の判断を下しているつもりでも、実際には先入観に縛られた偏見となっている場合も多いのです。

感情生活を考えた場合にも、こういった過去の経験は邪魔になります。「○○はやらない」「××には行かない」といった行動指針を生み出しているのですから、どれもいやな思い出のはずです。いわば過去の悪い感情が、いまだに日常生活に影響していることになるからです。

そこでまず、自分のいまの判断の元となっている経験の中で、マイナスイメージを持っているものはどんどん消去することです。といってもパソコンの画面のようにはいかないでしょう。とりあえず、「だまされたつもり」になってみるぐらいでかまいません。判断や行動の足かせをできるだけ軽くしてみることです。

あなたを気持ちよくさせてくれるものは何ですか？

ここまでにわたしが強調してきたことは、簡単に言えば「動くこと」です。勉強すること、ふんぞり返らないこと、周囲にガードを築かないことといった、いわばフットワークの軽い生活を心がけることです。

勉強は机にしがみついている動きの重い時間と思われそうですが、目標に向かって前進することです。その充実感があるから、きちんと勉強ができた日には、食べても飲んでも遊んでも楽しいのです。

フットワークの軽い生活には、感情のメリハリが生まれます。人間の心理は複雑に考えれば説明することさえむずかしくなりますが、美味しいものを食べたときや、シャワーを浴びてさっぱりしたときのように、単純な幸福感に包まれるときも多いのです。フットワークの軽い生活とは、そういった気持ちよくなれるものに自分から出合いに行く生活でもあります。

そういう意味で、豊かな感情生活を送る人は、自分を気持ちよくしてくれるものをいくつも知っていて、それを毎日の暮らしの中にちりばめている人でもあるのです。

たとえばビールです。美味しいビールを飲むためにはどんな努力もいとわないような人です。

そのためにはいい店を知っていることはもちろんですが、暑い日でも午後には冷たいものを控えめにしたり、冷房を弱めにしたり、もちろんその日の仕事はきちんと片づけたりして、体がビールを求めて爆発寸前（？）という状態をつくっておきます。

ここまでやれば、ジョッキ一杯の生ビールをのど越しも爽快に飲み干せるのは想像つきます。さぞ美味しいことでしょうし、幸せな時間でしょう。万事こんな調子で、生活全般にわたって〝快体験〟をちりばめているのです。

あるいは早朝に飲む一杯のコーヒーや、紅茶に喜びを感じる主婦もいるはずです。

彼女はそれを家の中のどんな場所で飲むか、どんなカップで飲むか、飲む前には何を終わらせておくか、飲んでいるときには何を読んだり、どんな音楽を聞いたりすれば落ち着くかといったことが全部わかっているでしょう。

「それだけのこと」と思うかもしれませんが、これだけのことでも大きな違いです。

なぜならまず、早起きしなければいけません。朝食の準備ギリギリの時間に起きていたら、とてもじゃありませんが優雅なモーニング・コーヒーは飲めません。

部屋もこざっぱりとしておく必要があります。汚れたキッチンや散らかったリビングではせっかくのコーヒーも台無しです。掃除を義務と考えれば面倒にもなるでしょうが、自分のいちばん心地よい時間のためと考えれば張り合いが生まれます。

つまり、〝快体験〟そのものが楽しいだけでなく、そこに至るまでの時間にも豊かな感情生活が生まれてくるのです。

朝昼晩と一つずつの〝快体験〟をちりばめることができれば、一日のほとんどが快活な時間で埋まるのではないでしょうか。

どんな人にも悪感情の泥沼、もつれがある

嫉妬やうらみの感情に取りつかれる人は、他人がみな自信に満ちて悩みのない人間に思えてしまいます。

たとえばあなたがAさんに嫉妬しているとしましょう。

Aさんは周囲に人気があって、経済的にも恵まれていて、能力も優れている。

しかもAさんは、あなたをいつも見下したような態度を取る。

かりにそういった関係だとすれば、あなたがAさんに悪感情を抱くのは当然のことです。けれどももし、Aさんがあなたを嫉妬しているとわかればどうなるでしょうか。

Aさんから見れば、あなたには自分でも気がつかない長所や恵まれたところがあって、それに嫉妬しているからAさんはあなたにきつく当たるのだとわかったら、どんな気持ちになるのでしょうか。

おそらく、あなたのAさんへの嫉妬はウソのように消えてしまうでしょう。それまで感じていたAさんへの悪感情は忽然《こつぜん》と消え去るはずです。

これも心理学的には自己愛の理屈で説明できます。Aさんを嫉妬してきたのはあなたの自己愛が満たされなかったからですが、そのAさんがあなたを嫉妬しているとわかったとたんに、あなたの自己愛は大いに満たされてしまったのです。

現代のアメリカでもっとも人気のある精神分析理論を唱えたコフートは、人間の基本的な動機は自己愛を満たすことだと主張しています。この「動機」というのは、人間の行動をうながす無意識の世界ということです。

その上で、コフートは人間の基本的な心理ニーズを想定し、精神分析の治療に役立てようとしました。患者の心理ニーズを満たしてあげることで、患者は精神的に健康になるし、治療者や周囲との人間関係もよくなると考えたのです。

コフートの想定した基本的な心理ニーズは三つあります。

●一つは、「鏡」を求める心理です。自分のことを褒めてくれる、認めてくれる人を求める心理です。

●次は「理想化対象」を求める心理です。自分が理想化できる人のそばにいると、自分まで強くなったように感じるし、生きる方向性も定まってきます。

●三番目のニーズは「双子」を求めるニーズです。これは前二者のニーズに比べてちょっと変わっています。

わたしたちは本格的な自己嫌悪に襲われると、褒められてもかえってひがんだり、理想化できる人間が身近にいてもうらみや嫉妬の感情を持つだけになったりします。

それよりむしろ、相手も自分と同じダメな人間なんだとわかったときに、救われる気持ちになるものです。ダメなのは自分だけじゃなかったんだと思うことで、孤立感から解放されるのです。たとえば誰かに好感を持つ場合でも、その人が能力や容姿に優れているだけでは距離感が生まれてしまいます。

ところがその人が、意外におっちょこちょいだったり、不器用だったり、自分とよく似た欠点を持っているとわかれば、とたんに親密感を抱いてしまうものです。

話を戻しますと、いまのAさんとの関係の場合、この三番目の心理ニーズが満たされたことで、あなたの悪感情はウソのように消えたことになります。〈嫉妬心〉を抱いていた相手が自分と同じようにダメなところのある人間だとわかったときに、まさに救われた気持ちになったのです。

嫉妬やうらみの感情はかなり根の深いものですが、そこから抜け出す一つの方法として、どんな人でも悪感情の泥沼にはまり込むときがあるのだと知っておくのも、大切なことです。ともすれば、自分以外の人間はみな、悩みも迷いもなく生きているように思いがちですが、決してそうではないのです。

問題は、誰でも悪感情にとらわれることがありながら、そこから抜け出すためにさまざまな工夫や努力を重ねているのだということです。人それぞれに、自分に合ったやり方で、自分の悪感情を処理しているのです。

そのことを認めれば、少なくとも悪感情に溺れず、それを乗り越えようとする気持ちが湧いてくるはずです。四十代であろうが五十代であろうが、思い通りに生きて楽しい人生を送ろうと思えば、まだまだたっぷりの時間が残っています。

嫉妬やうらみの感情にいつまでもとらわれていると、せっかくの人生に悔いだけを残すことになりかねないのです。

第4章

「心」の掃除は簡単にできます

精神科医もカウンセリングを受けています

わたしのような精神科医は、自分自身の心理分析も得意なように思われがちです。たしかに知識としての心理学は一定レベルまで身についていますから、他人だけでなく自分の言動にどんな心理が働いているのかを分析するのは不可能ではないでしょう。

でもやはり、ものの見方のゆがみや、心の反応パターンは自分ではなかなか気がつかないものなのです。

「自分は少し怒りっぽいな」と思っていても、他人から見れば「少しどころではない。相当、怒りっぽいじゃないか」ということだってあるわけです。

ところで精神分析のトレーニングを受ける人は原則的に、自分自身も精神分析家からカウンセリングを受けるというルールがあります。

それによって自分の心の反応パターンを知り、ものの見方のゆがみを知ることで、実際に患者と向かい合ったときに適切な対応ができるようになるからです。

心の反応パターンというのは、ある出来事に対して心理的にどんな反応をするかということです。同じ出来事でも、その反応は人によってさまざまですから、自分のパターンを知ることでより幅広い視点を持てるようになります。

たとえば、リストラへの不安からうつ病になった患者がいるとします。

そういう場合でも、

「自分の能力のなさを責めるタイプ」

「将来をひたすら悲観するタイプ」

「会社や他人をうらむタイプ」

とさまざまな反応パターンに分かれます。

では治療者であるカウンセラーはどんなタイプなのか。

これもやはりさまざまなはずです。

そのときカウンセラーが自分のタイプを理解していないと、一つの見方だけで患者と向き合ってしまいます。たとえばこの患者は自分を責めているはずだから、その気持ちをほぐしてやればいいんだと思い込んでしまうのです。

でも実際には、患者は会社をうらんでいるだけかもしれません。もしそうだとすれば、カウンセラーの治療は方向違いになりかねません。カウンセラーが自分の心の反応パターンを知るということは、患者の気持ちを知る上で大切な条件になってきます。

カウンセラーは、いわば「心の受け皿」です。患者の悩みや不安とじっくりつき合うことで、心のしこりを受け止め、悪感情の向きを変えていくのが仕事です。

しかしそのカウンセラーといえども、自分の心の反応パターンやものの見方のゆがみをチェックしなければいけないのです。

少なくともアメリカではこのように考えられています（日本ではまだ少ないですが）。わたし自身も、誰であっても日ごろから心の掃除やメンテナンスを欠かせないものと考えています。

心のゴミはため込まないうちに掃除しよう

　わたしたちの心はある限界を過ぎると修復がむずかしいほどゆがんだり、悪感情にこり固まったりしてしまいます。うつ病もその一例で、軽い段階では意欲が湧かない、気持ちが落ち込むといった程度ですが、そのままにしておけば悲観的な要素だけがどんどんふくらみ、不眠や食欲不振といった体の症状まで表われてきます。

　感情の老化も同じです。いつも不機嫌な気持ちでいたり、無感動になったり、不満や嫉妬など悪感情にいつまでもとらわれたりするようになると、心がどんどんねじ曲がってきます。あまり心理学的な表現とは言えませんが、要するに、とことん偏屈な人間には何を言っても無駄という状態になってしまうのです。

　そうなってしまえば、周りの人は「いったいが何が面白くて生きているんだろう」と呆れるだけです。誰だってそんな人生を送りたいとは思わないはずですが、ねじ曲がった心は自分でも容易には元に戻せないのです。

そこでこの章では、自分自身の「心の掃除」について考えてみます。ため込んだゴミを片づけるためというより、ゴミをため込まないようにするためのちょっとした掃除や、整理の仕方について考えてみます。明るい心を取り戻す筋道です。

もちろん、大掃除が必要なときには遠慮せずに専門の「心の掃除人」を利用すべきです。日本にはまだ、「精神科なんて行くもんか」とか「カウンセリングだなんて大げさだ」と考える人が多いのですが、それは誤解もはなはだしいと言うべきでしょう。第三者に悩みや不安を聞いてもらうだけで、心の整理はずいぶんとついてしまうものですし、副作用が弱くしかも効果の優れた治療薬が開発されています。

でもまず大事なのは、自分自身の感情をフレッシュに保つことです。ふだんからこまめに心の掃除をする習慣を育てていけば、悪感情の処理もできますし、感情の老化を防ぐこともできます。

どういう状態が「心の黄信号」かわかっていますか

感情ウォッチングの大切さはすでに述べましたが、心の掃除をする場合にもチェックポイントがあります。「こういう感情や考えに取りつかれたときには、ちょっと掃除が必要だな」というポイントです。

心のゴミは自分でも気がつかないうちにたまってしまいます。電気掃除機には、「ゴミ詰まりランプ」が点滅してフィルターの交換時期を教えてくれるものがありますが、自分の心となるとそう簡単にはいきません。

それでも、事前の知識として、「こうなったら要注意」という状態を知っておけば、大きなゆがみやかたよった反応パターンに陥らずにすみます。それによって感情生活も安定してくるのです。

そこでまず、二つのチェックポイントを並べてみます。それぞれのチェックポイントの具体的な説明はそのあとにつけ加えましょう。

●最初に挙げたいのは「思い込み」です。ただの「思い込み」が「確信」になってしまい、聞く耳を持たない状態になることです。

●二番目は「完全主義」です。仕事でも家事でも、手抜かりなく完全にやり遂げなければ気分が収まらないといった状態です。

もちろんチェックを細かくすればほかにもあるのですが、どういうチェックであれ、基本的にはこの二つに集約されます。

「思い込み」についてのわかりやすい例を挙げるとすれば、こんなケースです。

あなたが友人に電話する。すると友人が、「忙しいからあとでかけ直すよ」といって電話を切ってしまった。

たったこれだけの出来事でも、心にゴミがたまり始めたときには、どんどん悪い方向に自分の考えを持っていきます。

「嫌われたのかもしれない」「でもなぜだ」「誰かがわたしの悪口を吹き込んだ」「それはたぶんBさんだろう」「友人はBと結託したな」「もう絶対に、あの二人とはつき合わないぞ」……と。

こうして書き並べてみると、いかにも独りよがりのかたよった考えだというのがわかります。しかし、あなたの見方がゆがんでいるときには、こういう考え方に何の疑問も抱きません。

では実際にはどうだったのか？　あなたが電話したとき、友人はほんとうに忙しくて手が離せず、ゆっくり話もできないから「こちらからかけ直すよ」と言ったのでしょう。せっかく電話をくれたあなたに申し訳ないから、今度は自分のほうがかけると言ったのでしょう。その可能性は十分あるのに、あなたは勝手に自分一人でケンカ別れを決意したことになります。

これが、「思い込み」の怖さです。自分の思考パターンに黄信号が点っていないかどうか、これから挙げるいくつかのチェックを試してみてください。

百点満点をめざす人は、しょっちゅうつまずく

二番目のチェックに挙げた「完全主義」は、中高年世代をしばしば苦しませます。

四十代を過ぎるころから、仕事であれ家事であれ、あるいは何かの勉強や習い事を始めた場合でも、若いころのように体力的ながんばりがきかなかったり、こなせるはずだと思った予定がこなせなかったりするものです。

そういうときに、「わたしもダメになったなあ」と考えると精神的に落ち込んでしまいます。「できないはずはない」と考えてさらにがんばる人もいるでしょうが、それはそれで疲労感を蓄積させるし、心理的な緊張状態がいつまでも続くことになってしまいます。

感情をフレッシュに保つために、適度な休息が必要なのは言うまでもありません。疲れてくるとイライラしやすくなりますし、喜怒哀楽の反応も鈍くなります。完全主義に

ハマってしまうと、それだけ心のゴミがたまりやすくなるのです。

完全主義の特徴は、何をやる場合でも百パーセント達成を目標とすることです。手抜きや不備は許されず、やるからには完全をめざしてしまいます。するとと七十パーセントの達成率でも不満を持ってしまいます。目標の七割しか達成できなかったのだから、明らかに失敗だったと思い込んでしまうのです。

何かをやるたびに「失敗だった」と思えば、感情生活はどうしても曇りがちになります。晴れ晴れとした気分になれないまま、心のゴミをため込んでしまいます。

この悪循環から抜け出すには、とにかく完全をめざさないことです。

四十代ともなれば、どんな分野の仕事であれ、作業であれ、ある程度のツボを心得ているはずです。押さえるところさえきっちり押さえれば、ほかの部分に少しぐらいの不備があってもなんとかなるということがわかっています。これが人生経験からくる余裕ではないでしょうか。

つまり、百点をめざすのではなく、最初から合格点の八十点をめざすやり方でいいのです。合格点がどのあたりのラインにあるか、これはサラリーマンであっても主婦であってもある程度は自分で判断できるでしょう。

たとえば主婦でしたら、作った料理の味を自分で見て、少々辛くても甘くても、「うん、まあこれぐらいなら合格だな」と笑える女性のほうが、曇りのない感情生活を送ることになります。

白か黒かの「二分割思考」は、心の負担になる

ものごとを白か黒かの二分割で判断するのも、心の掃除が必要な状態です。

たとえば周りの人間すべてに対して、敵か味方かという判断だけを下してしまうような状態です。こういった傾向は油断すれば誰にでも生じるもので、ニンニク嫌いの人がニンニク好きな人すら嫌うのと似ています。

「あんなものが好物だなんて、わたしとは別種の人間なんだ」となってしまいます。いやとなれば徹底的にいや、ダメとなれば徹底的にダメなのです。

こういう状態がなぜ黄信号かというと、ものごとを白と黒だけに分けていかにも単純化しているようですが、じつは相当のストレスをため込んでしまいやすいからです。

まず人間関係が息苦しくなります。

敵と判断した人間の前ではつねに緊張や憎悪の感情や軽蔑感を持ち続け、味方と判断

した人間には必要以上に頼り切ることになります。

もし味方と思い込んでいる人間が反対意見を口にすれば、裏切られた気分になるでしょう。あるいは敵と思い込んでいる人間の意見には正しいと思っても賛成できないでしょう。

つまり、生き方や判断がどんどん狭いものになっていくのです。

現実の人間関係を考えた場合、世の中にほんとうの敵や味方はほんの一握りしかいません。大部分の人間は敵でも味方でもなく、それぞれのケースで意見が合うか合わないかといった違いがあるだけです。たまたま価値観の似通った人間がいれば仲間意識を持ちますが、そういう人間と意見が分かれることだってあります。

自分の考えがしっかりしていれば、いろいろな人間と意見が合ったり合わなかったりするのも当然のことですし、相手の意見にうなずく場合も出てきます。

「二分割思考」に陥ってしまうと、そういった柔軟性もなくなります。

わたしたち心の治療者の立場から見ても、この「二分割思考」はやっかいです。

たとえばうつ病患者の治療は、時間をかけて少しずつ治していかなければいけないこともあります。その場合、前回よりはよくなったということが、患者にも自覚されると治療しやすいものです。「だいぶよくなってきた」「もう少しだね」といった励みが生まれるからです。

ところが「二分割思考」が強いと、白か黒、つまり「治った」か「治っていない」かだけで判断してしまいます。「少しよくなった」というのは「治っていない」ことであり、医者から見て症状の改善が見られても、患者は「治っていない」と言い張るのです。

こうなってくると治療はむずかしくなります。患者自身が医者の治療法に疑問を持ちますし、素直に言うことを聞いてくれないのですから、結果として治療が長引いてしまう。

このように「二分割思考」は対人関係を悪化させますが、それによって感情生活がどんよりと曇っていくことが問題なのです。白か黒かをはっきりさせることで、逆に感情生活が曇り空になるということを理解しておいてください。

褒められても喜べなくなったら、心の赤信号

ものの見方や考え方のことを、専門的には「認知《にんち》」と言います。

その認知に、あるかたよりや問題が生まれた場合を「認知のゆがみ」と呼びます。

いま挙げた二分割思考にしても、あるいは些細な出来事から過大な思い込みにとらわれるような状態にしても、すべて「認知のゆがみ」ということになります。

けれども、それがゆがみかどうかというのは本人にはなかなか気がつきません。そういう思考パターンにはまり込んでしまえば、本人は自分の見方や考え方を疑うどころか、逆に信じ込んでしまうからです。

その中で比較的チェックしやすいのは、「へそ曲がり」でしょう。

他人に褒められても素直に喜ばない。

みんながいいというものを（自分もいいと思うのに）ダメと言い張る。

こういうのはただの「へそ曲がり」に過ぎず、偏屈な老人にしばしば見られるものですが、自分の言動にもそんな傾向が表われていると感じたときには、やはり「認知のゆがみ」を疑ってみるべきです。

なぜなら、褒められるということは自分を認められる、肯定されるということで、それによって簡単に自己愛が満たされます。自己愛が満たされれば感情生活は快活になって当然です。

逆に他人に否定されたり、けなされたりすれば自己愛は傷つきます。そうなれば悪感情にとらわれてしまい、感情生活は最悪のものになります。

したがって、ただの「へそ曲がり」ならともかく（毒舌を楽しんでいることが多いから）、他人に褒められても素直に喜べないような場合は、自分から自己愛を傷つけていることにもなります。これでは救いようがありません。

たとえばファッション・センスのよさを褒められたときに、

「フン。どうせ似合わないと思っているんだろう」

そんなひがみの気持ちを持ってしまう人は、いったいどんな形で自己愛が満たされるでしょうか。
自分一人で、「わたしのファッション・センスは最高だ」と思い込んでいるならそれでもいいでしょうが、一般的に考えて自分一人の思い込みは強い自信にはつながりにくいものです。やはり他人から褒められ、肯定的に評価されることで自信も本物になります。

そう考えてくると、他人に褒められても素直に喜べないというのは明らかな認知のゆがみということになります。

このゆがみを加速させるものが「読心」です。「読心」とは相手の心を読んでしまうことですが、正確に言えば、読めたつもりになって信じ込むことです。自分を褒める相手に対して、「どうせ皮肉を言ってるだけだ」と決めつけてしまうのです。
「読心」は「へそ曲がり」と表裏一体の関係にあります。「へそ曲がり」をもう少し専門的に言うと、「肯定的な側面の否定」ということになるのですが、どちらにしても自分の言動をチェックしてみれば簡単に気がつくはずです。

「忘れ上手」は「感情の整理」が上手

心にゴミがたまり始めた状態をいくつか説明してみました。どの状態であっても、感情生活は悪化の兆しを見せているはずです。

そこで今度は、悪感情をため込まないための基本的な心構えについて考えてみましょう。たまったゴミは掃除しなければいけませんが、ふだんの心構えや生活スタイルによっては、ゴミそのものをため込まずにスッキリした気分で過ごせるはずなのです。

それができれば感情生活はいつも安定します。悪感情が生まれることはあっても、自分で上手に処理できるからです。

まず、ふだんの心構えとして勧めたいのは、「忘れる」ことです。

相手の言葉がちょっと引っかかった、態度が気になったというときに、「どうしたのかな?」と意識を集中させれば、悪い想像もどんどんふくらんできます。

そういうときにはいったん思考停止、判断停止するのがいちばんで、つまり「忘れる」ことが大事なのです。

実際、感情コントロールの上手な人は「忘れ上手」な人でもあります。

腹の立つことがあってもすぐに忘れる。他人の言葉に傷つけられてもすぐに忘れる。誰かをうらやましく思う瞬間はあっても、これまたすぐに忘れてしまう。悪感情が芽生えることはあっても、それが心に長くたまらないのですから、感情生活はいつも快活です。

でも、それができるのはなぜでしょうか。

元来、ものごとにこだわらない性格だからというのでは答になりませんね。大らかとか大雑把というのも同じで、性格の問題にされてしまってははぐらかされた気持ちになるはずです。

そこで、忘れ上手になるためのヒントを考えてみましょう。

まず、わたしたちがいやなことを忘れるのはどんな場合でしょうか？

いちばん多いのは、好きな人と会っているときでしょう。気の置けない友人とおしゃべりしているとき、愛する人と一緒にいるとき、尊敬する人に褒められたり、信頼されたりしていると感じるとき……。

そういうときには、さっきまで心に重くのしかかっていたいやな出来事がどこかに飛んでしまっていたり、取るに足りない感情のように思えたりしてきます。

次に多いのは、自分が好きなものや夢中になれるものに心奪われているときでしょう。ワインや日本酒が好きな人は、お気に入りの料理と大好きなビンテージや銘柄のお酒があれば、もう何も言うことはありません。その一杯を味わうときには、いやなことも心から消えています。

あるいは、登山や釣り、映画や音楽といった無心になって過ごせる趣味や遊びの世界も、いやなことを忘れさせてくれます。

つまり、忘れ上手な人はふだんの生活の中に気持ちのよい時間をたくさん持っている人です。身近な人間関係に恵まれ、好きな世界を持っている人なら、どんなにいやな感情が生まれてもすぐに忘れることができるのです。

いやな感情にとらわれているとき、わたしたちもしばしば「気分を変えたいな」と思います。けれども同時に、「こんなときは何をやっても楽しくないだろう」と諦めたりしないでしょうか。

あるいは会いたい人も思い浮かばず、やりたいことも考えつかず、結局いつまでもいやな気分とつき合ってしまう。そういうケースがしばしばあるものです。

けれどもそれが感情の老化なんだと思ってください。会いたい人が思いつかないなら、電話一本、葉書一枚、あるいはメール一通でもいいです。「どうしてるかな?」と気になる人に、こちらから連絡してみるだけでも気分が変わります。

やりたいことが考えつかなくてもいいです。とりあえず外に出てみましょう。散歩がてら、足の向くままに歩いてみて、気に入った店や場所でゆっくりするだけでも気分が変わります。

忘れ上手な人というのは、その意味でフットワークの軽快な人でもあるのです。前の章でもふれましたが、身軽であることは若々しい感情生活を維持するためには大切な条件でした。いやなことをすぐに忘れるためには、この感情の若々しさが何より大事になってくるのです。

考えても及ばないことなら、「もうやめた」でよい

忘れ上手な人は、ものごとをきちんと考える人です。

これはちょっと矛盾しているように感じるかもしれませんが、わたしが言いたいのは「忘れっぽい人」ではなく、「忘れ上手な人」です。

たとえば上司に提出した企画書が何の評価もされなかったとします。褒めもけなされもせず、「読んだよ」の一言もありません。

こういう場合、悲観的に考えればいくらでも悪い想像ができます。

「どうやら無視されたみたいだな。部長はわたしを嫌っているようだし、次の異動では系列会社に出向させられるかもしれないな」

そう考えて、馴れない仕事に苦労している自分の姿さえ思い浮かべるかもしれません。

つまりこういうタイプの人は、肝心の企画書の内容についてはほとんど考えず、その後

の上司との悪いやり取りだけを考えてしまいます。

もちろんすべて想像ですが、「思い込み」が強まれば確信に変わってしまい、感情生活はどんどん悪化します。上司に無視された企画書の一件は心に重くのしかかり、忘れられなくなってしまいます。

そんなときは何をやっても無駄になることでしょう。気晴らしに友人と会っても、お酒を飲んだり美味しいものを食べたりしても、すぐにまた企画書のことを思い出し、悪い想像だけをふくらませてしまいます。

忘れ上手な人は違います。

悪い想像がふくらみかけたときには、まずその元となる企画書について徹底的に考えてみます。

不備があったかどうか。あったとすればどのあたりだったのか。それをいまから補足することは可能か。あるいは説明を求められたときに答えられるかどうか。

そういったことを考えられるだけ考え、打つべき手はすべて打ってしまいます。

あとは上司の判断次第ですから、こちらでいくら考えても答は出ません。答の出ないことを考えても始まらないのですから、そこから先は思考停止させてしまいます。

つまり、不安や悩みと向き合ったときには、まずその原因となっているものごとについて徹底的に考えることが大事なのです。その部分をおろそかにしたまま、悪い想像だけをふくらませると、いくら忘れようとしてもまたすぐに思い出してしまいます。

「感情の整理」の下手な人は、その意味では考えの足りない人でもあります。

本人はあれこれ思い悩み、考えられる限りのことを考えているつもりでしょうが、いちばん肝心な部分については考えが素通りしているケースがしばしば見られます。

悪感情にとらわれているときには、一度、自分の思考パターンについて思い直してみてください。

「よくやっている自分」をことあるごとに褒める

子どもは褒めると伸びます。勉強でもスポーツでも、褒められて自信を持った子どもほど積極的になりますから、その子の能力はどんどんアップしていきます。

この原則は大人といえども変わりません。

ただし、大人の場合はよほどの成果や結果を出さない限り、誰も褒めてくれません。できて当たり前のことや、やらなければいけないことが多過ぎるし、各人それぞれにノルマがあるので自分のことだけで精一杯になります。

そこで、誰も褒めてくれないなら前に述べたように自分で褒めようというのがわたしの考えです。

「自分で自分を褒めてもほんとうの満足は生まれないのでは」

そう考える人がいるかもしれません。さっきも書きましたが、たしかに他人に褒められたほうが自信を持つし、満足感も大きくなります。

でも、自分で自分を褒めることにもたくさんの効用があるのです。

まず、完璧主義をめざさなくなります。六十パーセントの出来であっても、そのことで自分を責めるのと褒めるのでは大きな違いです。責めれば自信をなくすし、意欲も落ちます。何より感情生活が悪化します。

褒めれば少なくとも気分は明るくなります。「よし、いいぞ」とか、「このペースでいいんだ」と自分を励まして、意欲や自信を持ち続けることができます。

これは結果として「二分割思考」を断つことにもなります。オール・オア・ナッシングではなく、できた部分や、途中経過の段階で自分を励ますことで、認知のゆがみを正すことにもなるのです。

そして大切なことは、仕事や勉強だけでなく、ありとあらゆる場面で自分を褒める、励ますということです。

たとえば日ごろから気の合わない人間と出会って、それでも挨拶だけは自然に口をついて出たときには、「偉いなあ、ちゃんと挨拶だけはすませたぞ」と褒める。皮肉や厭味を言われても気がつかないふりができたときにも、「よく我慢したなあ」と自分を褒める。

まだまだあります。

美しいものや面白いもの、美味しいものや珍しいもの、あるいは心の温まるようなものに出合ったときには、自分の幸運や、それに気づいた自分の感覚に感謝しましょう。「運がいいなあ」とか、「出合えてよかったなあ」と喜ぶ。いわば自分の感受性を褒めるのです。

かりにこれだけのことを心がけると、毎日の生活の中に充足感を覚えるひとときが無数にちりばめられるようになります。

感情生活にとってこんな健康的なことはありません。それによって、心の中にゴミがたまることもなくなるはずですし、たとえいやな感情が生まれたとしてもたちまちのうちに消えてしまうのではないでしょうか。

朝の気分がいい人は、「感情の整理」が上手

そういった意味で、わたしがいちばん大切にして欲しいと思うのは朝の気分です。スッキリと目覚めた朝の気分は、新鮮で活力に満ちています。ここで充足感を持てるか持てないかで、その日一日の感情生活が大きく左右されます。

多忙を極める財界人や経営者、あるいはベンチャー企業の若き創業者といった人たちの一日も、朝は案外、心身のコントロールのためにゆったりした時間になっています。それぞれのやり方で健康法を実践したり、静かな時間を過ごして気持ちを充実させたりしているケースが多いのです。

朝の時間はもっとも自由な時間です。好きに過ごして誰に文句を言われるわけでもないし、誰かに邪魔されることもありません。サラリーマンの場合は日中はもちろん、夜もなかなか自由になる時間を持てないし、夜更かしすれば睡眠不足になります。

しかも夜はその日のさまざまな出来事がわだかまりとなって心に残っている場合があります。感情コントロールのむずかしい時間帯なのです。あれこれいやなことが思い出されるぐらいなら、さっさと寝てしまったほうがマシです。

わたしはいま四十代後半ですが、朝の時間に関しては、歳を取るのも悪くないなと思うようになりました。なぜなら、二十代三十代のころに比べれば早起きすることが苦痛ではなくなってきたからです。一度目が覚めれば、かつてのように「二度寝」するのはむずかしいからです。それなら「起きてしまおう」ということになります。

そうしてできた朝の時間を、どのように使おうと自由なのですが、ここでは感情コントロールに絞って考えてみます。まず、朝は感情的にとても穏やかな時間帯だということです。一日は始まったばかりで、まだ何の結果も出ていません。誰とも顔を合わせていないのですから、自分の心とゆったりした気持ちで向き合えます。

つまり、これから始まる一日に対していいイメージを持とうと思えばそれが可能な時間帯なのです。昨日までのことはすんだこと、今日の一日は新しい一日と考えれば、自分の感情を明るく、大らかな方向に持っていける貴重な時間帯なのです。

朝の時間が慌しい人は、そんな悠長なことはやっていられません。大急ぎで朝食をとって、そのまま通勤電車に乗り込むでしょう。

すると、電車に乗り込んだ瞬間から、昨日の続きが始まってしまいます。昨日、いやなことがあればそれを思い出し、「ああ、またあの部長の顔を見なくちゃいけないのか」と気持ちが暗くなってきます。毎朝、この繰り返しでは心のゴミもたまる一方になります。

朝の時間というのは、そういう意味で自分の感情を整理し、心の掃除をするには絶好の時間ということになります。

そのためにはもちろん、快適な目覚めが必要です。

たまの夜遊びも、もちろん大いにけっこうです。けれども感情生活の充実をめざすのでしたら、連夜のアルコールより、毎朝の爽やかな目覚めのほうがはるかに効果的です。健全な目覚めこそ、健全な感情生活に欠かせないことを知っておいてください。

悪口、噂話に参加すると、心が泥沼に落ち込む

ここまでに並べてきた「感情の整理」の方法は、一言で言えば「他人や周囲に惑わされない」ということになります。忘れることも、自分を褒めることも、朝の気分を大切にすることも、すべて「他人や周囲に惑わされない」ためです。

ではどんなときに、他人や周囲に惑わされるのでしょうか。

案外多いのが、悪口や噂話に巻き込まれたときです。

他人に悪感情を抱くのは、顔を合わせているときだけではありません。もちろん、目の前の相手を嫉妬したりうらんだりすることはあります。

誰かと言葉を交わしたり仕事を一緒にしたり、あるいは飲んだり食べたりという関係はわたしたちにとって避けられないものですから、そのときそのときでさまざまな感情を持つのは仕方ありません。

　したがって感情コントロールには、一人になったときに自分の感情を思い出したり、見つめ直したりすることが大切になってきます。悪い感情が残っていれば、それを忘れたり捨てたり整理したりする時間が必要になります。

　ところが、他人の悪口や噂話に巻き込まれてしまうと、目の前にいないはずの人間に対してまで悪感情を引きずってしまいます。あるいは自分も加わることで、忘れたり消したりできるはずの悪感情が増幅されて、しっかりと残ってしまいます。

　人の悪口は自分にそんな気持ちがなくても他人の悪感情につき合っているうちに感染してしまいます。「あの人はひどい」「あの人はずるい」といった言葉を吹き込まれているうちに、話したこともない相手に悪意を持ってしまうのはよくあることなのです。

　感情コントロールの上手な人は、他人の悪口や噂話の輪には加わりません。たまたま居合わせたとしても、いつのまにか姿を消してしまいます。

　もちろん自分から他人の悪口を言うことはありません。言葉にしてしまえば自分の悪感情が周囲に伝わってしまいますし、一度伝わってしまえば、いくら自分で忘れても周囲からはそういう目で見られてしまいます。

第5章

周りに好かれる人の魅力は「機嫌のよさ」にある

自分の明日を信じられる人は、どんな人？

わたしは、「自分を信じよ」という言葉が好きです。

座右《ざゆう》の銘としていつも思い出す言葉ですが、周りを見渡しても、わたしが心惹かれる人や敬愛する人はすべて、自分を信じる人たちでもあるのです。自分を信じる人は、大きな夢や目標に向かって歩き続ける人たちです。

人間ですから不安になったり、自信をなくしたりすることもあるでしょう。アクシデントも起こるし、思わぬ障害にぶつかることもあるでしょう。

けれども最後の最後で自分を信じる気持ちがあれば、逃げ出したり投げ出したりすることはありません。

それから、自分を信じる人は決して焦らない人でもあります。失敗しても慌てふためかないし、難問に直面しても放り投げません。かといって、力んでいるようにも見えません。マイペースで、ゆったりと構えている様子があります。

自分を信じる人は、権威や肩書きにものを言わせようとはしません。

自分自身の生き方に確信を持っているから、相手の意見にも耳を傾けるし、それが正しいと思えば素直に受け入れることができます。自分の判断に従うことをためらわない人です。

そしてここまでの記述でおわかりいただけると思いますが、自分を信じる人は感情的に大らかで、上機嫌な人でもあるのです。自分自身の生き方に不安や迷いがあったり、あるいは他人の言動にすぐに惑わされたりするような人は、たとえ喜怒哀楽のはっきりした性格であっても不機嫌をむき出しにすることが多いからです。

ところで、自分を信じるとは自分の何を信じることなのでしょうか。

能力か、運か、あるいはいままでの経験や培ってきたものか、おそらくわかったようでわからない部分があるはずです。

そこでわたしが考えていることから先に述べてしまいましょう。

自分を信じるとは、まず自分の中の成長願望を素直に信じることです。

成長願望は誰にでもあります。学びたい、知りたいという欲求や、これができるようになりたい、こんな資格を取ってみたい、こういう人間になりたいという願望を持たない人はいません。

けれども、中高年になると自分から成長願望にブレーキをかける人が出てきます。

「もう新しいことに手を染めたくない」

「この歳になれば自分自身が変わることなどあり得ない」

そう考えて、いまの自分を守ろうとする人が多くなります。

四十代を過ぎると、たしかに新しい友人はできにくくなります。趣味や習い事でも、いままでにまったく経験のないことを始めるには勇気が必要です。嗜好やものの考え方もある程度、固まっていますから、万事に腰が重くなって当然かもしれません。

しかし、成長願望までなくした人はそういないはずです。時間がない、カネがない、いまさら無理といった言い訳を並べ立てても、本音を明かせば誰だって夢や理想を描くときがあり、自分がそのように生きられたら素晴らしいだろうなと思う瞬間があるはずです。

その成長願望を素直に受け入れ、自分を高めることにためらいを持たない人が、「自分を信じる」人ではないでしょうか。

したがって、自分を信じる人の感情生活が安定しているのもうなずけます。見栄やプライドにこだわりませんし、自分より優れた人を素直に認めます。謝ることや教わることにもためらいを持ちません。

しかも身軽です。自分を高めるために、積極的に行動して対人関係を広げようとしますし、勉強が好きです。ここまでに述べてきたさまざまな感情生活のコントロール方法が、ごく自然に備わっていることになります。

そしてそういう人の周りに、さまざまな人間が集まってくるのも当然のことです。機嫌のいい人は誰からも好かれる人でした。他人に愛されることで、さらに感情生活は充実してきます。そういう本質的に「機嫌のいい人」の生き方や魅力を、この章では考えてみます。

未熟な自分でも「自分」をさらけ出してしまおう

成長願望を素直に受け入れる人は、いまの自分の知識や能力をある程度客観的に見極めることができます。

なぜなら、仕事であれ勉強であれ、知的な好奇心が旺盛であれば自分からどんどん人と会ったり、世界を広げたりしていこうとするはずだからです。

すると必然的に自分のレベルがわかります。弱点もわかるし、強みにも気がつきます。自分に不足しているのは何か、他人に引けを取らない分野は何かということがわかってきます。

自分の成長願望にブレーキをかける人には、こういう積極さがありません。できることには独りよがりの自信を持ち、できないことは隠そうとしますから、実際のところ自分がどんなレベルにあるのかすらわかっていない場合が多いのです。

たとえば何かの資格にチャレンジしたり、語学や経済学の勉強を始めようと思ったりしたときに、いちばん手っ取り早いのは実際に資格を持っている人間や、すでに勉強を始めて一定レベルに達している人間に尋ねることでしょう。

どんな入門書を読めばいいか、勉強の仕方にはどんな方法があるかといったことをまず尋ね、次にサークルや学校のように共通の目的を持つグループに飛び込むことではないでしょうか。

なぜならそうすることで自分がオープンになるからです。資格に挑戦しようとしていることや、勉強を始めたことがオープンになり、当然、まだ初心者レベルであることや知識に乏しいこともオープンになるからです。

そしてオープンになってしまえば、これは少しも恥ずかしいことではありません。初心者だし、まだ勉強を始めたばかりなのですから、わからないことやできないことがたくさんあって当然です。周囲の人も、決してバカにすることはありません。

成長願望にブレーキをかける人は、たぶんバカにされることを恐れているのでしょう。

四十代、五十代ともなれば、知識も経験もそれなりに備わっていますから、いまさら初心者の仲間入りをしたり、あるいは初心者とみなされたりすることを嫌うのでしょう。

そこでつい、不安な分野を〝こっそり〟勉強し始めたり、必要に迫られて専門書や雑誌を買い込んで情報を集めたりします。でも、そこにとどまっている限り、なかなか効果は出ません。

なぜなら、雑多な情報を自分の頭の中で組み立てて一つの筋道をつけること、つまり論理化するためには二つのことが必要になります。

一つはまず、専門用語や数字を含めてしっかりと理解して記憶すること。

もう一つは、その記憶を元に、自分の言葉で表現すること。つまり入力と出力の両方が必要になります。覚えたことは発表や表現することによって、よりたしかな記憶として定着するのです。

ところが中高年になると、記憶の段階でつまずきやすくなります。苦労して覚えた専門用語も数字も、たちまち忘れてしまいます。だからこそ出力が必要なのに、成長願望にブレーキをかける人たちはそこで逃げてしまいます。いまさら他人の前で恥をかきたくないからです。

でも実際には、少しも恥ずかしいことではないのです。

知らないことは知らないでいいし、できないことはできないことでいいのです。それを周囲にわかってもらえれば、自分の言葉での拙《つたな》い表現にチャレンジできます。そこで情報発信がなされることで、記憶はよりたしかなものとなってきます。

成長願望を素直に受け入れる人は、その意味でバカにされることを恐れない人でもあります。

結果として、そういう人のほうがどんどん知力や能力を伸ばしていきます。対人関係に萎縮することもないし、大らかな感情生活を送ることができるのです。

「知らないこと」と「できないこと」を区分する

ところで成長願望は、資格取得や知識の吸収だけをめざすものなのでしょうか。

そんなことはなくて、生き方や人間関係も含めて、「理想の自分」や「なりたい自分」をめざすことも立派な成長願望のはずです。感情コントロールも当然、含まれてくるでしょう。つまり、ふだんの感情生活そのものを見つめ直すことも大事な作業になってきます。

そこで自分の未熟さや至らなさ、あるいは嫉妬やうらみといった悪感情を素直に認め、それを正そうとするのが成長願望を受け入れる人たちです。

この素直さや大らかさがあるから、「機嫌のいい人」は誰からも愛されるのではないでしょうか。

成長願望にブレーキをかける人は、ここでも斜に構えてしまいます。ひがむ、すねる、うらむといった悪感情にとらわれても、すべて他人や周囲のせいにして、自分自身の悪感情を素直に認めようとしません。むしろ自分から目をそらして他人だけを見つめてしまいます。つまり知識や能力も含めて、自分を客観的に見つめることがないのです。

自分を客観的に見つめることは、「メタ認知」と呼ばれます。感情コントロールには欠かせない能力ですが、この能力を高めるためには二つの習慣が大切になります。

●一つは、すでに述べた「感情ウォッチング」、つまり自分の心の状態のチェックです。

●もう一つは「知らないこと」や「できないこと」をはっきりと区分することです。

とくに中高年になると、この二番目の習慣がおろそかになってしまいます。いままでの知識や経験だけで未知のものを判断したり、立場やメンツにこだわってできないことをつい引き受けたりしてしまいます。

成長願望を素直に受け入れる人には、一番目の習慣はもちろんですが、この二番目の習慣がしっかりと備わっています。過去の経験にとらわれず、初めての分野や初めての人間に対しては先入観を持たずに向き合います。できないことは素直にできないと認め、他人に教わったり協力を求めたりします。

こういう生き方は、対人関係を楽にします。相手によって最初から好き嫌いを決めつけず、まずつき合ってみてからその人柄をつかもうとしますから、人間関係も固定化されません。

仕事や勉強でも背伸びしませんから、能力以上のものを抱え込んで苦しんだり、挙句に失敗して信用をなくしたりすることもありません。万事に自然体で取り組めることになります。対人関係も含めて、生き方そのものがゆったりとしてきます。

でも、いかがでしょうか？

こうして挙げてみると、特別なことではないんだなと思いませんか。

機嫌よく生きるというのは、自分のありのままを見つめ、背伸びしないということなのですから、特別な能力や経験が要求されることではないのです。中高年の感情生活がむずかしくなるのは、むしろ中高年なりの能力や経験が邪魔をするからだということさえあるのです。したがって、若々しい感情生活を取り戻すためには、自分の中にある「偉そうにしたい気分」をまず消し去ることです。それに代わって、「もっと成長したいな」という素直な成長願望を持つことが大切になってくるのです。

「あの人」のそばにいると、なぜか若返る

グループや集団にはさまざまな性格がありますが、遊びが目的であっても仕事が目的であっても、〝幸福なグループ〟と〝不幸なグループ〟に分かれるような気がします。もちろんこれはわたしの個人的な印象です。

幸福なグループというのは、たとえば旅行に出かけても思わぬ珍味にありついたり、楽しい出会いを経験したり、予定が狂えば狂ったで忘れられない思い出ができたりするようなメンバーです。何をやってもうまくいくわけではありませんが、何をやっても楽しい結果が出るような、そんなグループになります。

不幸なグループはこれと正反対になります。何をやっても無難に終えますが、いつもいま一つ、盛り上がりに欠けるようなグループです。

仕事でも同じです。幸福なグループがいつも成功を収めるわけではなくて、ときに失

敗したり結果を出せなかったりすることもあります。

けれども、一つの仕事を終えるたびに、何かしらの充実感が生まれます。ダメならダメで次の仕事への手がかりがつかめたり、特定の分野への自信が生まれたりします。力を出し切った満足感を全員が味わえるようなグループです。

一方の不幸なグループには、仕事の結果にかかわらずどこか不満が残ります。役割への不満、評価への不満、上司の指示への不満などです。結果が出ても全員が一つになって喜べない雰囲気があります。

こうした違いが生まれるのは、そのグループの中心となる人物に大いに関係があるはずです。仕事の場合には上司やリーダーということになりますが、遊びの場合にもムードメーカーとなる人物がいます。「彼がいないと始まらない」とか、「彼女がいないと盛り上がらない」と言われる人たちのことです。

そういった中心人物の感情が、グループ全体に感染していきます。喜怒哀楽のはっきりした若々しい感情の持ち主なら、グループ全体にも若々しい感情が広がります。と同時に、その人が持つ素直な成長願望が、グループ全体にも広がっていくはずです。

「機嫌のいい人」の魅力は、その人と一緒にいるうちに、いつのまにか自分も素直な成長願望を受け入れるようになることでしょう。ものごとを肯定的に受け止め、どういう事態にも朗らかな気持ちを失わない生き方がとても清々しいものだと気がついてきます。

するとウソのようですが実際に幸運が訪れます。

なぜならまず、それまでは気になっていた些細なこと、たとえば他人の思惑とか周囲の目がそれほど気にならなくなります。やってみたいけれどちゅうちょしていたことにも、素直に手を出せるようになります。

そういったことの積み重ねが、感情生活をどんどん若返らせてくれるでしょう。心の曇り空が晴れてくるのですから、楽しいことはより楽しくなり、美味しいものを食べたときの感激や美しいものを見たときの感動もいままでより大きくなるはずです。

そして、「どうしてかな」と考えたときに、〝その人〟の存在が思い出されるはずです。

「そうか。あの人とつき合っていると、なぜか、いいことばかり起こるんだ」

周りの人にそんな印象さえ与えるのが、「機嫌のいい人」の魅力ではないでしょうか。

機嫌がいいと、なぜか異性にモテそうな気がするものです

韓国ドラマ『冬のソナタ』がＮＨＫで再放映されたとき、小学生の女の子たちの間でも大人気になったといいます。放映日の翌朝になると、教室ではもっぱら「観た？」「観たよ！」とあちこちで感想を話し合う子どもの輪ができたそうです。

これはもちろん、母親の影響です。小学校高学年の子を持つ母親といえば、三十代後半から四十代後半まで幅広いはず。子どもと一緒に『冬のソナタ』を観たとしても少しもおかしくありません。

韓国の恋愛ドラマは、ご存知のようにラブシーンがないし、あってもごく大人しいものばかりです。それで母と娘が安心して観ていられるのでしょう。

しかも『冬のソナタ』には出会い、すれ違い、嫉妬、誤解、別離、再会、悲劇といった恋愛ドラマの要素がぎっしり詰まっていますから、母と娘が恋愛を話し合うにはちょ

うどいいテキストになったのかもしれません。

ところで『冬のソナタ』は男性にはいま一つ人気がありませんでした。「ヨン様」に熱中する妻を、夫は冷ややかに眺めているケースが多かったようです。恋愛感情に関しては、中高年男性は女性に比べて老化するのが早いのかもしれません。

これは恋愛感情に限った話ではなく、日常生活の中で夢を描いたり、若々しいファッションに挑戦したりといった華やいだ気分を持てないのが中高年男性です。万事に現実的で保守的なところがあるようです。

では異性に対する興味を失っているのでしょうか？

とんでもないですね。男性だっていくつになっても異性を意識します。ただ、妻がいれば恋愛には踏み切れないし、女性のようにドラマに熱中して空想を楽しむのもバカバカしい。そこでどうしても保守的になってしまうのでしょう。ふと華やいだ気分が生まれても、自分から「いまさら」と打ち消してしまいます。

けれども本音を言えば、男性なら誰でも女性にモテたいし、女性だって男性にチヤホヤされれば嬉しくなります。そういうごく当たり前の感情にまでブレーキをかける必要はありません。

若々しい感情生活を送る人は、異性に対しても素直です。好意や関心があっても隠そうとしたり、あるいはわざと無視したりするようなヒネクレ者ではありません。

そういう人の周りには、やはり異性に対して素直で屈託のない男女が集まります。恋愛感情ウンヌンを言い出す前に、男と女がフランクにつき合える雰囲気というのはとても魅力的だからです。

職場でも同じではないでしょうか。雰囲気のいい職場は、男性と女性の間にギクシャクしたものがありません。おたがいの魅力を認め合いつつ、仕事の上では遠慮なしの関係が自然に生まれてきます。

趣味や遊びのグループでも、異性が混じることで華やいだ雰囲気が生まれますし、ファッションや会話のセンスも磨かれてきます。ついでに言えば、ときめきが生まれたらそれはそれで大歓迎でしょう。感情生活にとってこんな明るい材料はないからです。

そして、感情生活が明るくなると、異性に対して身構えたり、もったいぶったり、必要以上に格好つけたりすることもなくなります。いままでよりははるかにこだわりのない態度で接することができるようになるはずです。つまり、異性が身近な存在になってくるのです。

「異性にモテそうな気がする」というのは、あくまで予感に過ぎません。

けれども、感情生活が老化しているときには決して持つことのなかった予感です。気になる異性が頭に浮かんだ段階で、「よせよせ」とか「いまさら」と打ち消してしまったときめきなのです。

そのときめきをもう一度、取り戻させてくれるのが若々しい感情生活です。「機嫌のいい人」の周りに朗らかな男女が集まるのは、そこにいるだけでごく自然に、異性へのときめきが生まれるからではないでしょうか。

「その人」から始まる楽しい交友関係がある

人づき合いが上手か下手かは性格とも関係してきます。

シャイな性格、内気な性格の人は恥ずかしがり屋ですから、どうしても引っ込み思案になります。自分から新しい人間関係をつくるのが苦手です。

でも、シャイや内気は陰気とは違います。ものごとを悲観的、否定的に考えるのが陰気な人で、恥ずかしがり屋が陰気なわけではありません。

たとえばふだんは無口で人前にはめったに出ない人が、いざ親しい関係になってみると意外に朗らかな性格だったりします。しかもでしゃばりではありませんから、とてもいい感じでつき合えたりします。

すると、「いい人と知り合えたな」と得した気分になります。「この人の魅力を知らない人は案外、多いんじゃないかな」と一人で喜んでしまいます。でもいちばん喜んでいるのは、恥ずかしがり屋のその人自身ではないでしょうか。

なぜなら、ふだんはめったに自分のことなど話さないのに、思いがけずも心を開いてしまったからです。求められたわけでもないのに、気がついたら伸び伸びとふるまい、屈託なく自分のことを話している。それどころか、朗らかな気持ちにさえなっている。こんな嬉しいことはありません。

「機嫌のいい人」の周りでは、しばしばこれと同じような光景が繰り広げられます。めったに笑顔を見せない人が笑い転げたり、無口な人が訥々《とつとつ》と自分のことを話したり、気むずかしそうに見えた人がジョークをもらしたり、どの人も日ごろは見せない意外な素顔、それも素敵な素顔を見せてくれます。

そこから始まる新しい交友関係は、最初から楽しいものになって当然です。気楽で、伸び伸びとした人間関係が広がっていってもなんの不思議もありません。

なぜなら、誰もがおたがいの第一印象がいいからです。「楽しい人だな」とか、「気さくな人だな」と感じれば次に会うときにも笑顔で挨拶ができます。

あるいは何度か顔を合わせたことのある人でも、それまでに見せてくれたことのない意外な素顔に出会えば、イメージががらりと変わってしまいます。

「とっつきにくいと思ってたけど、ずいぶん気さくな人なんだ」

とわかったとき、やはり新しい交友関係が始まるのではないでしょうか。

「機嫌のいい人」が好かれるのは、その人自身の魅力もさることながら、その人の前ではみんな「善意」の人になったり、ありのままの自分をさらけ出したりしてくれるからでしょう。人間関係に気負いや構えがなくなって、リラックスできるからです。

そういうグループが、周囲の人たちにも居心地よさそうに見えるのは当然のことでしょう。さまざまな人が、「機嫌のいい人」の周りに集まってくるのもまた当然ではないでしょうか。

機嫌がいいと、自分を愛せるようになる

素直な成長願望を受け入れるために、いちばん大切なのは自分を「好き」になることでしょう。

自分を嫌いになったら、成長願望の持ちようがありません。自己嫌悪や自信喪失、あるいは強いコンプレックスに包まれてしまえば、自分を責めたり否定したりするばかりで、いまのままの自分をもっと高めようという肯定的な気持ちにはとてもなれません。

つまり、「自分はいまのままでいいんだ」という肯定的な気持ちをまず持つことで、その自分が望むもう一段高い段階まで成長させようとする気持ちが生まれてくるのです。

ではどうすれば自分を「好き」になるのでしょうか。

これは自分自身の毎日をふり返ればすぐに答が出てきます。

「いまのわたしは幸せだな」

そう思えるときに、自分を「好き」になります。

それはどういうときでしょうか？

まず、感情が安定しているときです。美味しいものを食べたり、楽しい時間や充実した時間が過ごせたりして、満ち足りた気分になっているときです。

したがって、一人で過ごしても自分を「好き」になることはできます。

けれども同時に、わたしたちは他人と関わりなく生きていくことはできません。感情生活にとって、人間関係はほとんどすべてと言っていいほどの大きな比重を占めてきます。

嫉妬やうらみ、ねたみのような悪感情に心を乱されれば、美味しいものを食べても幸せな気分にはなれません。楽しいはずの時間や充実するはずの時間も、イライラしたり落ち込んだりした気分で過ごすことになります。

逆に人間関係がうまくいっているときには、それこそ道端の野良猫にもやさしい声をかけたくなるほど浮き浮きした気分になります。愛する人に囲まれたり、周囲の人が自分に好意を持ってくれたり、あるいは自分を認めてもらったりしたときには、いやな感情はたちまち消えてしまうのです。

これは年齢には関係のないことです。中高年だろうが老人だろうが、例外ではありません。もし五十歳のサラリーマンが、独身男性社員に大人気のＯＬから手作りのバレンタイン・チョコをもらったら、おそらく帰宅しても表情は緩みっぱなしのままでしょう。義理チョコでも嬉しいはずです。ちょっと変なたとえですが。

人間関係に恵まれている人は、自分に自信を持つことができます。その自信は、いまのままの自分でいいんだという自信です。いまのままの自分を好きになってくれたり、認めてくれたりする人がいれば、自己愛は完璧に満たされるからです。

「機嫌のいい人」の周りから、楽しい交友関係が始まると書きました。相手への悪意ではなく、善意を前提とした人間関係です。

そういう関係の中に自分を置くことで、誰でも自分を「好き」になってきます。ありのままの自分をさらけ出してもみんなが朗らかに応対してくれるのですから、「わたしはこのままでいいんだ」という自信が湧いてきます。

それが素直な成長願望を育ててくれるのですから、さらに新しい世界、新しい勉強、新しい人間関係へと踏み切らせてくれるでしょう。

それによって、感情はいつまでも若々しく保たれます。「機嫌のいい人」と一緒にいると、こちらまで気持ちが若返ってくるのです。

第6章

すべての人間関係に「好き」を持ち込もう

ＥＱは放っておくと歳とともに衰える

「ＥＱ」という言葉はご存知だと思います。

もともとはemotional intelligence（感情の知能）という意味だったのですが、ＩＱ（intelligence quotient＝知能指数）に対抗して、ＥＱ（emotional quotient＝「心の知能指数」）として紹介されたのがＥＱです。

ＥＱは対人関係や感情のコントロール能力に重点を置いた知能の考え方です。年齢を重ねることでこの能力は向上するものの、中高年になると逆に低下していくことがわかってきました。これはちょっと考えると意外な気がします。

大人になるというのは、人間関係を無難にこなし、腹の立つことも我慢して感情的な折り合いをつけることですから、十代、二十代の若者より四十代、五十代の中高年のほうがはるかにＥＱも高いはずなのです。実際、いろいろな調査では、ＥＱは二十代より四十代のほうが高いことはわかっています。

記憶力や計算力、最新の知識や情報では部下に負けても、説得力や交渉力、あるいは組織をまとめる力は自分のほうが上だと確信する上司は大勢いるはずです。

ところが、どうやらそれも四十代半ばまでで、四十代後半ともなれば早くもＥＱの低下が始まってくるのです。そのいちばんの原因は脳の老化です。

感情のコントロールに関わってくるのは脳の前頭葉ですが、この部分の働きが悪くなると怒りっぽくなったり、頑固になったり、あるいは意欲が低下したりします。老人にしばしば見られる「人嫌い」の現象の元となる前頭葉の老化が、じつは四十代後半から始まってくるのです。

四十代後半と言えば気持ちの上ではまだまだ人生の上り坂です。これからやってみたい仕事や勉強もあるし、将来への夢もあります。あるいは新しい出会いへの期待もあります。

にもかかわらず、脳の中では感情の老化や意欲の低下が始まるのですから、放っておけばどんどん不機嫌な人生にはまり込んでしまいます。

そんなのは「冗談じゃないぞ」と誰もが思うはずで、ではどうすればＥＱの衰えを防ぐことができるのか、それをこの章では考えてみます。

最初にまず理解していただきたいのは、ＥＱが衰えるのは年齢のせいですが、同時にそれは衰えるままに放っておくからでもあるということです。放っておかなければ衰えません。脳は刺激を与えることで、いくつになってもその機能を保ち続けることがわかってきていますから、ふだんの意識の持ち方次第で、いくつになっても「機嫌」のいい人生を送れるということです。

このことはあなたの周囲を見渡せばすぐに気がつくはずです。

世の中には好かれる老人もいれば嫌われる老人もいます。

機嫌のいい主婦もいれば不機嫌な主婦もいます。

定年後の人生を溌剌《はつらつ》と過ごす人がいるかと思えば、抜け殻のようになってしまう人もいます。自分自身がこれから望む人生はどちらなのか、考えるまでもないことです。

「愛される人生」を選ぶか、「人嫌い」の人生を選ぶか、その分かれ道に立っているのが中高年世代だと思ってください。

老化で鈍感になることを精神的タフさと取り違えてはいけない

EQは次の五つの能力に分けられます。

①自分の感情を正確に知る
②自分の感情をコントロールできる
③楽観的にものごとを考える、または自己を動機づける
④相手の感情を知る
⑤社交能力

この五つの能力のうち、ここまでにおもに取り上げて説明してきたのは①から③までになります。いわば感情のコントロール能力ですが、五十代になるころから④や⑤の能力が急激に低下する人も出てきます。これには脳の老化以外にも理由があります。

何度か説明したことですが、社会的にそれなりの地位を得ることで「偉そう」にした

くなるのです。地位や年齢が下の人間を見下したり、持ち上げてくれないと不機嫌になったりします。当然、相手の気持ちなんか考えません。

社交能力についても同じで、いまさら新しい人間関係を求めなくなったり、自分の感情を抑えてまで人とつき合おうとする気持ちがなくなったりします。会社での将来性も見えてきますから、「どう思われたってかまわない」と居直ってしまいます。

相手の感情を知る能力や、社交能力が衰えても、本人はあまり気にしません。

それどころか自分が精神的に強くなったと錯覚する人さえいます。目の前の人間に威圧的な態度を取ったり、同じ職場やグループの人間でも気に入らない相手とはつき合わなくなったりするのですから、この錯覚も無理はありません。

しかし、そうなってしまった最大の原因は、自分の感情コントロールができなくなったからなのです。それは、年齢による前頭葉の機能低下に過ぎないのであって、別に精神的に強くなったわけではありません。

なぜなら、放っておけば周囲から相手にされなくなり、孤立は深まるばかりです。会社に籍があるうちはまだいいでしょうが、定年後にはつき合う友人もいなくなり、若い連中からは疎んじられ、新しい人間関係は生まれず、淋しい余生を送るしかなくなります。

「それでけっこう」というなら精神的な強さかもしれませんが、実際にはただの強がりでしょう。偏屈で人嫌いな自分より、みんなに愛される自分を望むのがごく自然な欲求だと思います。この自然な欲求を、まず認めて欲しいと思います。強がりの裏に潜む「愛される人生」への憧れを素直に認めることです。

その憧れを実現するために、対人関係の中でいま何をすればいいのか、どんな心構えを持てばいいのかを、こだわりを捨てて考え直す時期ではないでしょうか。つまり、ここでも素直な成長願望が大切になってくるのです。

すべての関係に「好き」を持ち込もう

人間関係の基本は「思いやり」です。これは心理学を持ち出すまでもないことで、おそらくどんな人でも、他人を思いやる気持ちさえあれば、周囲に良好な人間関係を築けることがわかっているはずです。

けれども大半の中高年世代にとって、この「思いやり」ぐらい苦手なものはありません。「自分の責務を果たす」「やるべきことをやる」「結果を出す」といった考え方が、それこそ骨の髄まで染み込んでいますから、ものの考え方がどうしても自己中心になりがちです。

たとえば実績にこだわる管理職は、結果を出せない部下に対して冷淡になりがちです。リストラされた同僚に対しては、「あの歳で再就職はむずかしいだろうな」と他人事のような見方をしかねません。

あるいは妻に対しても、「おれが稼いでいるんだから、家事や子どもの教育を受け持つのは当然だ」と突き放した態度を取ってしまいます。高校生の子どもが反論してきても、「半人前のくせに」と切り捨てます。万事がこの調子ですから、他人を思いやることの大切さは認めても、行動が伴わないのが現実ではないでしょうか。

思いやりとは相手の気持ちになって考えることです。心理学では「共感能力」と呼ばれるものですが、「相手の立場に立って、相手の気持ちを理解する能力」のことです。この能力が、さっきも説明したように四十代後半から衰え始めます。相手の立場に立って考える習慣が薄れてくるのです。

ではどうすれば共感能力を高めることができるのでしょうか？

いちばん単純な方法は、相手を好きになることです。すべての人間関係に、「好き」という感情を持ち込むことです。

「そんなことができるのか」と思うかもしれませんが、この方法は単純でわかりやすいだけに、いますぐ試してみることができます。試みる価値は十分にあるとわたしは思っています。なぜなら、わたしたちの人間関係を見渡したときに、「心底嫌い」という相手はめったにいないし、いたとしても数はほんとうに限られているからです。

大部分の人間は「とくに好きでもないし嫌いでもない」人間です。長所もあれば短所もある、いわば自分と同じようにごく平凡な人間です。

強いて分ければ、「どちらかと言うと好き」だったり、「どちらかと言うと嫌い」だったりする程度の人たちです。

そういう人たちに対して、全部まとめて「好き」という感情を持ち込むのはそれほどむずかしくありません。「ああいう人だけれど、いいところもあるんだから」と思えば、いまより好きになることはできるはずです。

それから家族や友人のように身近な人間に対しては、ときに腹を立てたりすることはあっても、冷静になって考えればやはり「好き」なのです。いいところや、悪いところも含めて、好きだから長いつき合いができるのです。そういう人間をいまよりもっと好きになってみる。これもむずかしいことではありません。

残るはごく一部の「心底嫌い」という人たちですが、かりにそういう人がいたとしても、解決方法はあります。距離を置けばいいのです。「心底嫌い」になるのはさまざまなやり取りがあったからで、それだけ密接な関係にあったということです。つまり距離が近過ぎたのですから、自分のほうから離れていけばいいのです。

そのためには、「忘れる技術」を思い出してください。自分を心地よくしてくれる世界を身の回りにどんどんつくることです。

これだけのことが実行できれば、周囲の人間関係はすべて、「好き」が基本になってくるはずです。「心底嫌い」な人も、距離を置いて思い出せば憎悪は薄れてきますし、時間がたてば「わたしも意地になっていたな」と気づいたりします。冷静になることで、自分の感情を見つめ直すことができるからです。

そして、好きになった相手にはごく自然に思いやりを持つことができます。その人の立場に立って、その人の気持ちを理解する共感能力が生まれてきます。

なぜなら、自分が好きな人に喜んでもらいたい、幸せになってもらいたいというのはこれまたごく自然な感情だからです。「好き」を人間関係の基本に置くことで、感情生活は驚くほど明るく、潤いのあるものになるでしょう。

人間関係に「嫌い」を持ち込まないと楽になる

悪感情にとらわれているときは、些細なことやどうでもいいようなことまで気になるものです。目の前の人間のちょっとした態度や言葉尻に腹を立てたりします。これは人間関係に「好き」ではなく「嫌い」を持ち込んでしまうからでしょう。

不機嫌なときや、自信喪失、嫉妬、うらみ、ねたみといった始末に負えない感情に包まれているとき、わたしたちは目の前の人間を「嫌い」になっています。たとえ親子や夫婦、友人同士であっても、刺々しい感情を相手に抱いてしまいます。

そうなれば当然、相手も「なんだ」という反感を持ちますから、おたがいに悪感情をぶつけ合ってしまいます。つまり悪感情は、人間関係に「嫌い」を持ち込む感情ということができるはずです。

人を「好き」になるというのは、その意味では「感情の整理」に最良の方法となります。周囲の人間関係すべてに「好き」を持ち込める人は、悪感情とは無縁に暮らせるはずだからです。

そこで、一種のトレーニングと思ってこれから説明することを実行してみてください。

まず、あなたの周囲の「どちらかと言えば嫌いな人」を思い浮かべます。

過去の自慢話ばかりする上司でもいいし、意味不明のＩＴ用語を使う若手社員でもいいです。主婦の場合にはご近所の噂好きな奥さまや、子どもの成績を自慢する母親でもいいでしょう。

そういう人たちの姿を思い浮かべたら、次には「ちょっといいところ」を挙げてみます。根っから嫌いなわけではないのですから、どんな人にも一つぐらいの長所や美点はあるものです。

自慢話が得意な上司には、お人好しなところがあります。案外、おだてに弱くて頼まれると断わり切れません。若手社員にもきちんと説得すれば素直に従う子どもっぽさが残っています。

噂好きの奥さまは、あれで案外、情にもろいところがあり、子どもの自慢をする母親には世話好きなところがあります。すべて、たとえばの話ですが、どんな人にも探せば何かしら微笑ましい素顔があるものなのです。

その微笑ましい部分に目を向けると、「あえて嫌うこともないな」という気持ちになってきませんか？

いつもなら気になる欠点も、ほんの「玉にキズ」程度のご愛嬌に思えてきませんか？

もし、わたしの書いてきたことに半分でもうなずいてもらえるなら、「どちらかと言えば嫌いな人」を「好き」になるのはむずかしいことではありません。

気持ちの持ち方として、その人の長所や微笑ましい部分に目を向けるだけでいいのです。

人を愛せる人は「人をけなさない人」

人間関係に「好き」を持ち込める人は、他人をけなさない人でもあります。

他人をけなすというのは、相手の悪口を言うことです。けなす人はほんとうのことを言っているだけのつもりかもしれませんが、相手の欠点や許せない部分を攻撃しているのです。

これは、「嫌い」という感情がなければできないことです。好きな人をけなす人はいないのです。

ですから、人間関係に「好き」を持ち込むだけで他人をけなすことがなくなります。「好き」になれば欠点もご愛嬌なのですから、けなす理由がありません。

他人をけなさない人は、それだけでも健全な感情生活を送ることができます。嫉妬、うらみ、あるいは嫌悪といった悪感情とは無縁に過ごすことができるからです。

しかも周りに気持ちのいい人間関係を築いていきます。自分が「好き」になれば、相手も自分を「好き」になってくれるのは当然のことだからです。

他人をけなさない人とは、わたしたちも安心してつき合うことができます。

「この人は陰で他人を悪く言うような人間ではない」

そんな信頼感を持ったとき、わたしたちはその人と心を許してつき合えるものです。

つまり「他人をけなさない」というだけで、周りの人たちとの信頼関係が築かれていきます。その人を中心にして、気持ちのいい仲間やグループができていくのです。若々しい感情生活にとって、こんな好材料はありません。

いつでも、どんな場合でも、「好き」を持ち込める人は幸せな人生を送れるはずなのです。そのためのレッスンと考えて、「他人をけなさない」ことを心に銘記して欲しいと思います。

気持ちいい人間関係には、ほどよい距離が大切

友人づき合いの醍醐味は、「朋《とも》あり遠方より来る」ではないでしょうか。

学生時代は毎晩のように飲み明かしたり、議論し合ったりした友人とも、住む世界が違えばしだいに疎遠になって当然です。

でも、それだからこそ、「何年ぶりだろう」と言い合いながら顔を合わせるひとときは楽しいものです。出張の折や帰省のときに、ふと連絡を取り合ってたちまち数人の輪ができるというのも愉快な時間です。

学生時代の友人だけではありません。社会に出れば、仕事の上で世話になったり、一時期同じプロジェクトに所属したり、あるいは取引先や同業者でも個人的なつき合いを持ったりした人が何人かいるものです。

大企業の場合では、同期の人間であっても所属が違えばふだんはめったに話す機会も

ありません。

そういう人たちと偶然、帰り道で行き合ったり、何かのパーティーで顔を合わせたりしたときにも、やはり楽しい時間を過ごすことになります。

つまり、「懐かしさ」は人間関係の最良の潤滑油なのです。「朋あり遠方より来る」が飛び切り楽しい時間になるのも、この「懐かしさ」のせいです。学生時代、それほど親しくなかった友人であっても、「懐かしさ」があればまるで親友同士のような時間を過ごすことができるのです。

そこで、よりよい人間関係をつくるためにわたしが勧めたいのは、どういう相手に対してもほどほどの距離を置くということです。毎日顔を合わせているから毎晩つき合うというのは最悪で、同じ職場や同じグループであっても、「そういえばゆっくり話すのは久しぶりだな」といった程度の間隔《かんかく》を置くのが、気持ちのいい人間関係の秘訣ではないでしょうか。

なぜなら、人間関係はつまるところ、〝感情関係〟だからです。

感情は生きものですから、どんなに若々しくて健全な感情の持ち主でも、ふとしたきっかけで変化したり乱れたりします。

距離を置かない関係というのは、そういう意味では壊れやすくて変わりやすいものでもあるはずです。二つの感情がぶつかり合い続けるのですから、突然に悪感情が生まれることだってあります。

けれどもほどよい距離を置けば、たとえ悪感情が生まれたとしても時間の経過とともに薄れたり、あるいは冷静になることで自分の感情をコントロールしたりすることができます。時間の経過が長ければ長いほど、悪感情は消えていくでしょう。

したがって、「懐かしさ」の感情は好意以外の何ものでもありません。「懐かしいな」と思う気持ちの中には、無条件に相手への好意が含まれています。かつてどんなに悪意を持った人間であっても、時間を置いて出会ったときに「懐かしいな」という感情が湧いたとしたら、そのときはもう悪意は消えているのです。

変な例かもしれませんが、憎しみ合って別れた夫婦が数年ぶりに出会い、もし「懐かしさ」を感じたとしたら、もうおたがいに憎しみは消えていることになります。

それはまあ極端な例ですが、ふだんの人間関係の中でも相手にほどよい距離を置くというのは、自分自身の感情をコントロールするためにはとても大切なことになってきます。

実際、気持ちのいい人間関係を築ける人には、このほどよい距離感が備わっています。「どうしてるかな」と思い出すころに葉書が届いたり、電話があったりします。「しばらく会ってないいな」と思い出したころに、偶然のように顔を合わせて楽しく語り合ったりします。

逆に人間関係につまずきやすいタイプは、距離感に鈍感な人が多いのです。親しくなればどんどん相手との距離をつめてしまい、結局、感情的な行き違いを起こしてしまいます。

有名な心理学のことばに「ヤマアラシ・ジレンマ」というのがありますが、あれとまったく同じことを懲りずに繰り返します。鋭い針に包まれたヤマアラシが仲間とうまくつき合おうと思えばくっつき過ぎず、離れ過ぎずの距離感が何より大事になってくるのです。

人は誰でも「健気にがんばっている」と気づこう

人を「好き」になるためには、大らかさが大切です。他人のアラ探しをするより、精一杯生きているその姿に納得する気持ちがあれば、どんな相手に対しても「好き」を持ち込むことができるからです。ところが、

「おれが会社のためにこんなにがんばっているのに他の連中は自分のことしか考えない」

「ボーナスが入ればヴィトンに海外旅行か。人の苦労も知らないで、OLなんて気楽なものだ」

そういった不満が出てくるとしたら、これも感情の老化と考えてください。

なぜなら、自分が二十代のころには会社のために仕事をするという意識を持っていたでしょうか。ほとんどの人はそんな自覚はなかったはずで、おそらく与えられた仕事を

こなすのに日々精一杯だったでしょう。いい仕事をして上司に認められ、評価が上がり、自分の力が伸びていくことを実感できたときがいちばん嬉しかったはずです。

三十代のころにはまだ二十代社員の気持ちが手に取るようにわかりました。経験の浅い社員がむずかしい仕事に取り組んでいるときには、心の中で「がんばれよ」と応援できたし、やり遂げて得意そうな顔をしていれば、「やったな」と祝福できたものです。

ＯＬがボーナスでブランドものを買い込んだり、海外旅行に出かけたりするのも彼女たちの自由です。地味な仕事を我慢強く続けながら、年に一度か二度のボーナス休暇を楽しみにしてきたのです。独身だからできる贅沢を、彼女たちも精一杯楽しんでいるに過ぎません。自分だって二十代の独身のころには、ボーナスの使い道にあれこれ夢をふくらませたのではないでしょうか。

そしてもう一つ思い出していただきたいのは、気楽なように見えても二十代のころにはそれなりに悩んだり、壁にぶつかって苦しんだりしたときもあったということです。中高年だけががんばっているわけではないし、悩んだり苦しんだりしているわけではないのです。

そういった、誰もが精一杯に生きている事実を忘れないことも、感情のコントロールには大切になってきます。

自分より若い世代だけではありません。同世代のさまざまな境遇にある人たちや、すでに定年を迎えた歳上の世代も同じです。はたから見てどんなに気楽そうでも、人はそれぞれ精一杯に生きていると思えば、大らかな気持ちで周囲を眺め渡すことができるはずです。

そこでわたしは、「健気《けなげ》」という言葉を思い出しました。

サラリーマンもOLも、みんな健気にがんばっています。

主婦も子どもも老人も、みんな健気にがんばっています。

誰だって、いい人生、いい人間関係を実現したいと思っているのです。

そう考えれば、わたしたちの周りにいる人間すべてに「好き」という感情を抱けるはずです。世の中には、ほんとうの意味での敵なんかそういないんだということに気がつくのではないでしょうか。

本書は、小社より出版された『「感情コントロール」で自分を変える』を改題・補筆した新版です。

和田秀樹
Hideki Wada
1960年大阪府生まれ。東京大学医学部卒。東京大学医学部附属病院精神神経科助手、米国カール・メニンガー精神医学学校国際フェローを経て、現在は精神科医。国際医療福祉大学教授。ヒデキ・ワダ・インスティテュート代表。一橋大学国際公共政策大学院特任教授。川崎幸病院精神科顧問。
主な著書に『3分で「モチベーションを高める」技術』『3分で「人間関係がよくなる」技術』『自分の考えを「5分でまとめ」「3分で伝える」技術』『「感情の整理」が上手い人の70の技術』（以上小社刊）など多数。
ホームページ：www.hidekiwada.com

「感情《かんじょう》の整理《せいり》」が上手《うま》い人《ひと》下手《へた》な人《ひと》

2007年11月22日　初版1刷発行
2011年8月25日　23版94刷発行

著者…………和田秀樹

企画・編集…………株式会社波乗社

発行者…………大谷松雄
発行所…………株式会社新講社
http://www.shinkosha-jp.com
東京都千代田区飯田橋4-4-9-410
ダイアパレス飯田橋410　〒102-0072
電話(03)3234-2393・FAX(03)3234-2392
振替・00170-6-615246
印刷…………モリモト印刷株式会社
◎……乱丁・落丁本はお取替えいたします。
定価はカバーに表示してあります。
ISBN978-4-86081-180-8 Printed in Japan

新講社の「生き方」シリーズの本づくりについて

わたしたち新講社では、これまで、人が生きてゆくのに必要な生活の知恵や物の見方、考え方についての本づくりを進めてきました。

このシリーズ企画は、著者、編集者、そして読者の皆様の声という協力態勢による本づくりを目指します。

新講社のこれまでの刊行物と同様、読んで実効性・実用性のある出版物となるよう力を尽くす所存です。

ご愛読いただければ幸いです。